二十四史
马上读 语文历史都进步

第二册
《史记》(下)

李海杰 主编

北京理工大学出版社
BEIJING INSTITUTE OF TECHNOLOGY PRESS

版权专有　侵权必究

图书在版编目（CIP）数据

二十四史马上读：语文历史都进步：函套共12册/李海杰主编.—北京：北京理工大学出版社，2023.10
ISBN 978-7-5763-2413-6

Ⅰ.①二… Ⅱ.①李… Ⅲ.①二十四史-青少年读物 Ⅳ.①K204.1-49

中国国家版本馆CIP数据核字（2023）第097057号

出版发行 /	北京理工大学出版社有限责任公司
社　　址 /	北京市丰台区四合庄路6号
邮　　编 /	100070
电　　话 /	（010）68944451（大众售后服务热线）
	（010）68912824（大众售后服务热线）
网　　址 /	http://www.bitpress.com.cn
经　　销 /	全国各地新华书店
印　　刷 /	唐山富达印务有限公司
开　　本 /	880毫米×1230毫米　1/32
印　　张 /	77.75
字　　数 /	1236千字
版　　次 /	2023年10月第1版　2023年10月第1次印刷
定　　价 /	398.00元（全12册）

责任编辑 / 王俊洁
文案编辑 / 王俊洁
责任校对 / 刘亚男
责任印制 / 施胜娟

图书出现印装质量问题，请拨打售后服务热线，本社负责调换

目录

史记(下)

管晏列传 / 003
◎ 华夏第一相管仲
◎ 一心为国的三朝元老晏婴

老子韩非列传 / 012
◎ 道家学派的创始人老子
◎ 崇尚逍遥的道家之祖庄子
◎ 法家学派集大成者韩非

孙子吴起列传 / 023
◎ 兵家至圣孙武
◎ 战术天才孙膑
◎ 军政全才吴起

伍子胥列传 / 035
◎ 矢志复仇的悲剧英雄

商君列传 / 041
◎ 秦国强盛的奠基人

苏秦列传 / 047
◎ 佩六国相印的纵横家

张仪列传 / 053
◎ 巧舌如簧的纵横家

白起王翦列传 / 059
◎ 一代战神白起

◎ 能谋善战的王翦

孟子荀卿列传 / 068
◎ 儒家亚圣孟子
◎ 学贯百家的荀子

孟尝君列传 / 075
◎ 拥士自重的孟尝君

平原君虞卿列传 / 082
◎ 乱世公子平原君
◎ 坚持抗秦的赵国上卿

魏公子列传 / 089
◎ 急人之困信陵君

春申君列传 / 095
◎ 楚国权相春申君

廉颇蔺相如列传 / 101
◎ 将相和

屈原贾生列传 / 108
◎ 上下求索的三闾大夫

吕不韦列传 / 114
◎ 精于投机的商人

刺客列传 / 120
◎ 鱼腹藏剑的专诸
◎ 士为知己者死的豫让
◎ 知恩图报的聂政
◎ 图穷匕见的荆轲

李斯列传 / 131
◎ 晚节不保的一代名相

扁鹊仓公列传 / 137
◎ 悬壶济世的扁鹊

循吏列传 / 143
◎ 楚国名相孙叔敖
◎ 宽猛相济的子产

滑稽列传 / 150
◎ 迂回进谏的淳于髡
◎ 谈笑讽谏的优孟

货殖列传 / 157
◎ "商圣"范蠡
◎ "商祖"白圭
◎ 第一位女企业家巴寡妇清

太史公自序 / 164
◎ 司马迁的家世与生平

史记 下

管晏列传

> 《管晏列传》记载管仲和晏婴的事迹。管仲和晏婴都是春秋时期齐国的国相,才能出众、忠于国家,为齐国的强大做出了重要贡献,因此司马迁把两人列为一传。

华夏第一相管仲

管仲(公元前723—公元前645年),姓姬,管氏,名夷吾,字仲。春秋时期齐国颍上(今安徽省颍上县)人。我国历史上著名的政治家、军事家、经济学家,早期法家代表人物。

管仲祖上是周穆王的后人,父亲曾经担任齐国的大夫,后来家道中落,生活十分贫困。

管仲小时候和鲍叔牙是好朋友,为了谋生,两人一起经商,每次赚到钱,管仲分到的总是比鲍叔牙多,但鲍叔牙从来不以为意。在经商的过程中,管仲走了很多地方,接触了很多人,极大地增长了见识。后来经商失败,管仲在政府部门谋了个职务,却连续三次被国君驱逐。眼见当官干不下去了,管仲只好去投军,结果多次当了逃兵。无论管仲经历怎样的失败,鲍叔牙始终认为管仲能成就大事,两人一直保持着莫逆之交的关系。

后来,管仲见国君齐襄公胡作非为,预感到齐国即将大乱,便与鲍叔牙商量,由管仲辅佐齐襄公的弟弟姜纠,

▼ 管仲与鲍叔牙莫逆之交

鲍叔牙辅佐另一个弟弟姜小白，逃离齐国避难。

不久，齐国果然发生内乱，齐襄公被杀。姜纠和姜小白闻讯，马上动身赶赴齐国，结果姜小白抢先一步进入国都即位，是为齐桓公。姜纠争夺君位失败，逃到鲁国躲避。

齐桓公即位之后，很想有一番作为，准备任命鲍叔牙为国相，鲍叔牙却说，管仲的才能是自己的十倍，如果想要成就霸业，只能让管仲担任国相。

齐桓公听说管仲如此有才华，便派人前往鲁国，诈称要把管仲抓回齐国问罪。鲁国国君害怕，便杀了姜纠，抓住管仲交给齐国使者。齐桓公以非常隆重的礼节迎接他，两人讨论国家大事，齐桓公心悦诚服，特地挑选吉日拜管仲为相，尊称他为"仲父"。

齐国一直都是东方大国，享有周王赐予的专征之权。齐桓公急于成就霸业，想要马上加强军备，征讨不听命的小国。管仲劝他先治理好国内，再图谋外举。齐桓公不听，执意按自己的想法行事，结果全都招致失败，这才死心塌地地支持管仲改革。

齐国地处海边，有渔盐之利；地大物博、人口众多。管仲大刀阔斧，分别从政治、经济、军事等领域入手，开启了一场以富国强兵为目的的大改革。短短几年时间，就盘活了经济，团结了百姓，组建了强大的军队，积累了争霸的实力。

这时候,由于周王室威信不断下降,不仅各诸侯国不听周王的命令,就连周边的少数民族政权,也蠢蠢欲动,不时南下骚扰中原各国。管仲让齐桓公趁机打出"尊王攘夷"的旗号,以诸侯之长的身份,利用周天子的旗号讨伐不敬王室、不听命令的国家,扩张齐国势力;同时联合众多小国,主动进攻周边少数民族部落,极大地提高了齐国的声望。从齐桓公即位第三年开始,齐国便开启了征讨之旅,先后灭掉几十个小国,九次召集诸侯国会盟,成为名副其实的霸主。

但是,南方的楚国自恃强大,始终不承认齐桓公的地位。齐桓公问管仲如何用最小的代价让楚国屈服,管仲说:"楚国鹿多,我们高价收购活鹿,不久后楚国便会屈服。"齐桓公将信将疑,但还是派人到楚国高价收购活鹿,楚王贪财,连忙让全国百姓放下农具抓鹿。

这时,管仲暗中派人到楚国大肆收购粮食,运回齐国囤积,等到粮食足够了,管仲说:"现在可以出兵了!楚人都去抓鹿,耽误了农时,肯定缺粮,到时候我们封锁国境,禁止粮食流通,楚国必败。"齐桓公这才恍然大悟。不久,楚国果然向齐国屈服。

公元前645年,管仲生病不起。齐桓公亲自探望,问他谁能接替为相。管仲推荐公孙隰(xí)朋和鲍叔牙,同时告诫齐桓公远离三位奸臣,齐桓公一一应允。不久,管仲病逝,齐桓公先后任命公孙隰朋和鲍叔牙为相，延续了管仲的政策。但是齐桓公没有远离三位奸臣，最终落得凄凉而死。

管仲在齐国率先开启了军政合一、兵民合一的改革，被誉为"法家先驱"，不仅使齐国成为春秋时期的第一个霸主，而且成功保护了华夏文明，功业彪炳，被后世尊为"华夏第一相"。

由于管仲开创的霸业影响巨大，后人便结合他的言行，假托他的名字，编撰了《管子》一书。《管子》汇集了法家、儒家、道家等诸子百家的思想，内容广博，对后世产生了很大影响。

一心为国的三朝元老晏婴

晏婴（？—公元前500年），姓姬，晏氏，字仲，史称晏子。春秋时齐国夷维邑（今山东省高密市）人。我国历史上著名的政治家、思想家和外交家。

晏婴的父亲在齐国担任上大夫，父亲去世后，晏婴继任为上大夫。

晏婴博学多才，尽职尽责，继任后经常大胆进谏，慢慢有了贤达的名声，受到人们的敬重。

当时，齐国距离齐桓公称霸已经过去了一百年，晋国取代齐国成为新霸主,齐国被迫马首是瞻。然而,齐灵公心有不甘,多次借故挑衅晋国。晋国联合十几个诸侯国进攻齐国,齐灵公初战不利,心生怯意,退回国都临淄(今山东省淄博市)闭门不战,晋军迅速围困临淄。

晏婴极力劝说齐灵公振作精神,带领齐国军民同仇敌忾,抗击敌军。齐灵公见敌人来势汹汹,被吓破了胆,没有采纳他的意见。晏婴失望地摇头说:"我们的国君被晋军吓坏了,丧失了勇气!"晋军见齐军如此胆小,烧毁临淄外城后撤军。

齐灵公去世后,即位的齐庄公昏庸无道,大臣崔杼(zhù)将他在家中杀害。大臣们都明哲保身,不敢前往吊唁,晏婴毅然赶往崔府,扑在齐庄公的遗体上号啕大哭。崔杼的亲信准备杀掉晏婴,但崔杼忌惮晏婴的名气太大,想留下他收买人心。

不久,崔杼拥立齐庄公的弟弟即位,是为齐景公,自己独揽大权。为了巩固地位,崔杼要求所有大臣跟他一一誓盟效忠,不肯誓盟的人就地处死。晏婴神色自若,坚决不肯誓盟,又有人建议崔杼杀了晏婴,崔杼不敢,只好给自己找借口,说晏婴是大忠臣,特意放过他。正是由于晏婴的坚定,崔杼一直有所顾虑。

三年后,崔杼被杀,齐景公开始亲政。齐景公知道晏婴的忠诚,敬佩他的人品和能力,因此十分倚重他。

齐景公曾想封给晏婴六十个城邑，晏婴不接受。齐景公又想给晏婴翻修住宅，晏婴婉拒。齐景公不死心，便派晏婴出使晋国，趁他出使期间，翻新了住宅。晏婴回国，觉得新住宅太过奢侈，便拆掉多余的建筑，利用这些材料重新把邻居的房屋修建好，请他们搬回来住。

　　有一年，齐国上空出现了象征亡国的彗星，齐景公十分害怕，大臣们因此流泪，只有晏婴不哭反笑，齐景公生气地质问他。晏婴说："君王不修德政，才导致民怨沸腾，这个时候出现彗星，是上天在警示啊！"齐景公听完，决定让巫师祈祷上苍不要降下灾祸。晏婴反讽说："既然祈祷可以驱赶灾祸，自然也可以招来灾祸。君王让巫师一个人祈祷，抵得过齐国百姓众口一词的抱怨吗？只怕上天会降临更大的灾祸！"齐景公有所醒悟，开始停造宫殿，减轻百姓负担。

　　晏婴为官五十多年，几十年如一日地崇尚简朴，礼贤下士，而且极富政治远见和外交才能，能言善辩，使得已经没落的齐国在诸侯中赢得了应有的地位，成为齐国历史上与管仲并肩的政治家。

　　公元前500年，晏婴去世。齐景公伤心不已，不惜违背礼教规定，亲自来到晏府吊唁，纪念这位亦师亦友的大臣。

　　晏婴去世后，有人根据他生前事迹和言论，结合史料和民间传说，编撰了《晏子春秋》一书，详细记载了他进谏君主、爱护百姓、任贤用能的故事，集中体现了他的政治主张和思想品格，对后世产生了重大影响。

经典原文与译文

【原文】晏子为齐相，出，其御之妻从门间而窥其夫。其夫为相御，拥大盖，策驷马，意气扬扬，甚自得也。既而归，其妻请去。夫问其故。妻曰："晏子长不满六尺，身相齐国，名显诸侯。今者妾观其出，志念深矣，常有以自下者。今子长八尺，乃为人仆御，然子之意自以为足，妾是以求去也。"其后夫自抑损。——摘自《史记》卷六十二《管晏列传》

【译文】晏婴担任齐国国相，坐车外出，给他驾车的车夫的妻子从门缝偷看自己丈夫。她丈夫替国相驾车，头上遮着大伞，挥鞭驱赶四匹马，很是洋洋得意。回到家后，他妻子要求离婚。车夫问她离婚的原因。妻子说："晏子身高不过六尺，担任齐国的国相，名声在各国显扬。今天我看他外出时，思虑深沉，常有那种甘居人下的态度。如今你身高八尺，才做了晏婴的车夫，但你的心意却自以为了不起，因此我要求离婚。"以后车夫变得谦虚起来。

词语积累

南橘北枳：橘，柑橘树；枳，结小果子的乔木。把在南方生长柑橘的树木移到北方栽种，就变成只能生长小果子的枳树。比喻环境对人和事物的影响非常大。

二桃杀三士：桃，桃子；士，勇士。用两个桃子让三位壮士相互争功而自相残杀。比喻运用智谋来不动声色地除掉敌人。

华而不实：华，华丽；实，实在。物品华丽但是不实用。

管鲍之交：管，管仲；鲍，鲍叔牙。指管仲和鲍叔牙之间的深厚友情。形容朋友之间彼此信任、贵在知心。

尊王攘夷：尊，尊敬；攘，驱除。尊敬王室，驱除狄夷。比喻打着正义的旗号来做事。

老子韩非列传

> 《老子韩非列传》记载老子、庄子、申不害、韩非四位思想家的事迹。老子、庄子属道家,申不害、韩非属法家。司马迁认为法家思想脱胎于道家,因此把四个人合为一传。本书只选取老子、庄子、韩非三个代表人物。

● 道家学派的创始人老子

老子(生卒年不详),姓李,名耳,字聃(dān),史称老子。春秋晚期楚国苦县(今河南省鹿邑县)人。我国古代伟大的思想家、哲学家,被道教尊为始祖,称为"太上老君"。世界文化名人,世界百位历史名人之一。

老子自幼聪明伶俐,热爱学习,拜有名的学者常枞(zōng)为师,学习文化知识。由于老子勤于钻研,进步很快,常枞便推荐他到当时中原文化中心——东周都城洛邑(今河南省洛阳市）太学继续深造。

后来，老子进入周王朝的守藏室管理图书。守藏室就是周朝的国家图书馆，收藏天下书籍和档案，保存的文牍竹简浩如烟海。老子埋首其中，如饥似渴地吸收前人的知识和思想成果，加以融会贯通。

老子生活的时代，已经是春秋晚期，周王室衰微，各诸侯国相互争霸，礼乐崩坏，战乱不断，广大百姓更是苦难深重。老子目睹这一切后，结合自己所学，开始思考现实，想找到一条救世的道路，逐步形成了自己的思想主张，并享有盛名。

当时，鲁国的年轻学者孔子，面对如此乱局，也正在四处求学，积极探讨，寻求救世之道。他听闻老子博学的名声，专门来到洛邑请教周礼。老子也早就听说过孔子，对他说："你口中的圣人，死了几百年了，尸骨早已腐朽，唯有他们的思想还在流传。我听说成功的商人，从不轻易显现自己的财富；有修养的君子，外表木讷却内心道德深厚。去掉你的骄奢之心吧，这对于你没有好处。"

孔子回到家乡，对弟子感叹说，我自以为世间万物都有迹可循，可以轻而易举地发现它们；但是老子的思想却无迹可寻，就像传说中的龙一样，飞翔在九天之上！

后来，老子看到周王室日益没落，自己的政治主张无法实现,准备辞官归隐。这一天,老子骑着青牛,一路向西,往函谷关(今河南省三门峡市境内)而来。函谷关守将尹喜对老子敬仰已久,听说他来了,大喜过望。

尹喜得知老子此次出关是准备隐居,便请求他写一部著作留给后世,老子盛情难却,挥笔写了五千多字,分为上、下两篇。因为这两篇内容分别谈论"道"和"德",后人便称之为《道德经》。写完《道德经》后,老子骑牛

▼ 老子出函谷关

西去，从此不知所踪。

《道德经》全文分八十一章，集中体现了道家的哲学思想，内容涵盖伦理学、政治学、军事学等众多学科，对我国的哲学、科学、政治、宗教、文学、艺术等各个领域产生了深远影响，并灌注到中国人的灵魂深处，成为中华文化的源头之一，同时也是我国历史上最伟大的思想巨著之一。不仅如此，《道德经》还走出国门，在世界范围内产生了巨大的影响，赢得了中西思想家的一致青睐和盛赞，成为全人类的共同思想宝藏。

老子虽然死了，但他的思想历久弥新，信徒越来越多，他的事迹也越传越神，以至于神话和史料已经混为一体，等到司马迁写作《史记》为他作传时，可供采信的史料已经很少了，这更加增添了老子的神秘色彩。到了当代，《道德经》被翻译为多国文字畅销海内外。

崇尚逍遥的道家之祖庄子

庄子（约公元前369—公元前286年），名周，史称庄子。战国中期宋国蒙邑（今河南省商丘市）人。我国古代著名的思想家、哲学家和文学家，道家学派的代表人物，与老子并称为"老庄"。

庄子是宋国王室后裔，出生时家境已经败落，他为了谋生，便在蒙邑担任漆园吏，管理漆园。庄子博览群书，尤其推崇和精通老子的学说，通过撰写寓言的方式，继承和宣扬老子的思想。

庄子担任漆园吏不久，便结识了惠施。惠施是当时名家的代表人物，两人见面后，就诸多社会问题进行深入探讨。与庄子不同，惠施热心政治，后来成为魏惠王的国相。庄子听说惠施在魏国，便去看望他。惠施认为庄子很有才能，他来魏国，说不定会取代自己的地位，便在魏国境内大肆搜捕庄子。

庄子见到惠施，说："南方有一种鸟，它从南海飞往北海，不是梧桐树便不栖息，不是竹子的果实便不吃，不是甘甜的泉水便不喝。这时，有只猫头鹰刚捡到一只死老鼠，恰巧这种鸟从猫头鹰面前飞过，猫头鹰以为它来抢老鼠，便发出尖叫声警告。你现在也想拿魏国对着我尖叫吗？"

楚威王听闻庄子的贤名，派使者携带重礼，请他到楚国当国相。庄子笑着对使者说："千金对普通人是重利，国相地位也很尊贵。你难道没见过用来祭祀的耕牛吗，好吃好喝喂养几年，就会被杀掉用来祭祀，到时候它想像小猪一样活着，也已经晚了！我宁可游戏人间、自由自在，也不愿被名利权势牵绊，这才是我的志向啊！"

后来，庄子的妻子去世，惠施前去吊唁，发现庄子敲着瓦盆唱歌，脸上毫无悲伤的神色，不禁大惑不解。庄子说："我妻子刚刚去世的时候，我怎么能不悲伤呢？只是想到人的生命，从无到有，从有到无，跟四季的交替何其相似。现在，她终于安息在天地之间，我却号啕大哭，这是不懂得生死有道的法则啊。我这么一想，便停止悲伤，唱歌来欢送她。"

庄子临死前，弟子们想要厚葬他。庄子说："我以天地为棺椁（guǒ），以日月为连璧，以星辰为珍珠，万物都是陪葬品，难道还不够吗？"弟子们又担心乌鸦、老鹰吃他的遗体，庄子说："在地面被乌鸦、老鹰吃，在地下被蚂蚁吃，夺走乌鸦、老鹰的食物给蚂蚁，这也太偏心了吧。"

庄子去世后，弟子们整理他的遗作，编成《庄子》一书。司马迁说庄子著书十多万字，但现存《庄子》仅六万多字，可见今本内容已有缺失。今天通行的《庄子》共三十三篇，分为内篇七，外篇十五，杂篇十一，根据后世学者不断考证，普遍认为内篇是庄子本人亲著，外篇、杂篇由庄子的弟子或老庄学派的人写作。

《庄子》蕴含着深刻的思想内容，具备高超的文学水平。它的出现，标志着我国的哲学思想和文学语言在战国时期就已经发展到了非常玄远、高深的水平，是我国古代典籍中的瑰宝，对各个领域都产生了深远的影响。《庄子》中的文章,不仅极具浪漫主义风格,而且摆脱了语录体形式的束缚,标志着先秦散文已经发展到成熟的阶段,代表了先秦散文的最高成就。《庄子》给予后世的思想家和文学家以深刻、巨大的影响,在我国思想史、文学史上都有极其重要的地位。

法家学派集大成者韩非

韩非(约公元前280—公元前233年),史称韩非子。战国末期韩国新郑(今河南省新郑市)人。我国古代思想家、哲学家和散文家,法家学派的代表人物和集大成者。

韩非出生于韩国贵族家庭,小时候患有口吃的毛病,因此不善言词,于是把精力转向读书学习,遍览家中藏书,尤其喜爱法家和兵家书籍。

经过春秋时期几百年的兼并,到战国初期,华夏大地剩下七个主要诸侯国。其中,魏国率先变法,迅速崛起,在战国前期独领风骚。后来,实力较弱的秦国也任用商鞅进行彻底的变法,迅速实现了国富兵强。法家思想因此成为显学,力压道家、儒家等各家学说。

韩非所在的韩国和秦国接壤,因此首当其冲,屡屡被秦国打败而割地求和。作为韩国贵族,年轻的韩非时时都在思索如何让韩国强大起来。他认为秦国强大是因为商鞅变法的功劳,因此苦学法家学说。

公元前262年，秦国进攻韩国，一举攻克五十座城池，韩国面临着被灭国的危险。韩非上书韩王，请求立刻实施变法，采用法家的主张实现富国强兵，但韩王没有采纳他的建议。

失望之余，韩非开始埋头写作，把自己的见解付诸笔端。一天，韩非听闻儒学大师荀子到楚国讲学，立刻前往楚国，拜在荀子门下学习帝王之术。期间，他和楚国人李斯成为同学。李斯对韩非的才华和文章非常欣赏，常常自叹不如。

韩非融会贯通，最终将三位法学大师——商鞅的"法"、申不害的"术"、慎到的"势"的核心思想集于一身，成为法家学说的集大成者。他写的文章说理精辟，切中要害，在各诸侯国之间广泛流传。秦王嬴政读到他的文章，感叹说："我要是能够结识此人，和他交往，虽死无憾！"

此时，已经在秦国为官的李斯报告秦王，韩非是自己的同学，这些文章都是他写的。秦王闻言大喜，想要尽快见到韩非，马上派兵进攻韩国，指明索要韩非。韩王本来就没打算任用韩非，又被秦国逼急了，便派他出使秦国。韩非和秦王见面，一番交谈下来，秦王心悦诚服，想把韩非留在秦国。李斯嫉妒韩非的才能高于自己，害怕他日后对自己的地位产生威胁，就向秦王进谗言说："韩非是韩国贵族，现在秦国意欲兼并天下，韩非怎么会心向我们呢。但如果放他回去,就好比放虎归山,不如找个罪名把他杀了。"

秦王觉得李斯说得有道理,找了个借口将韩非下狱。一开始,韩非还准备上书申冤,但李斯很快指使亲信带着毒药给韩非,让他自杀,韩非以为是秦王的意思,于是愤而自尽。等到秦王后来反悔,派人特赦韩非,已经无可挽回了。

韩非虽然含冤而死,但他的法家思想体系却达到了先秦法家理论的最高峰,不仅为秦统一六国提供了理论武器,而且为我国两千年封建君主专制提供了理论基础。此外,韩非提倡的依法治国、法律面前人人平等的思想,虽然时隔千年,仍然历久弥新,成为现代法制的重要组成部分。

后人将韩非的文章整理成《韩非子》一书,现存二十卷五十五篇,基本都是韩非亲笔所著。《韩非子》除了法学方面的成就,还善于运用辩证法和唯物主义历史观来说明道理,因此在哲学上的成就也很高。此外,本书文笔犀利,善用寓言,给人以无穷的启迪,在文学上对后世影响也很大。

经典原文与译文

【原文】孔子去,谓弟子曰:"鸟,吾知其能飞;鱼,吾知其能游；兽，吾知其能走。走者可以为罔（wǎng），游者可以为纶，飞者可以为矰（zēng）。至于龙吾不能知，其乘风云而上天。吾今日见老子，其犹龙邪！"——摘自《史记》卷六十三《老子韩非列传》

【译文】 孔子回去后，对弟子说："鸟儿，我知道它能飞翔；鱼儿，我知道它能游动；野兽，我知道它能跑动。跑动的野兽可以用网捕捉；游动的鱼儿可以用线钓起；飞翔的鸟儿可以用箭射下。至于龙，我不知道它怎么乘风驾云，飞翔于九天之上。我这次见到老子，他就是龙啊！"

词语积累

滥竽（yú）充数： 滥竽，冒充会吹竽。冒充会吹竽的人凑数。比喻没有真本领的人混在行家里面充数，也比喻以次充好。也表示自谦，说自己水平不够，只是凑数而已。

二十四史马上读，语文历史都进步

守株待兔：株，树；待，等待。守在大树下等着兔子前来。讽刺那些不肯积极努力，只想得到意外收获的人。

上善若水：上，最高明；善：善良。最高明的善良就像水一样，水流滋润大地，润物无声。

知足常乐：知，知道；常，经常。知道满足才能经常快乐。

鹏程万里：鹏，大鹏鸟；程，路程。大鹏鸟飞翔的路程有万里之远。比喻个人前途远大。

庖丁解牛：庖丁，名叫丁的厨师；解，分解。本义指丁厨师在分解牛肉时动作麻利。比喻了解事情的客观规律后，做事情才能运用自如。

孙子吴起列传

> 我国从春秋时起进入激烈的列国竞争时代,战争频发。为了在战争中获胜,出现了专门研究军事理论、从事军事活动的学派——兵家。本传便是孙武、孙膑、吴起三位军事家的合传。

兵家至圣孙武

孙武(约公元前545—公元前470年),字长卿,史称孙子。春秋末期齐国人。我国历史上著名的军事家、政治家,被后世尊称为"兵家至圣",又被誉为"百世兵家之师"和"东方兵学鼻祖"。

孙武祖上是齐国的大将,从小受到家风熏陶喜爱军事,精于研究战争规律,并逐渐形成了自己的军事思想和方法。

春秋末期,随着封建经济的蓬勃发展,中原的先进文化向周边辐射传播。中原霸主晋国为了牵制南方强国楚国,便扶持江南的吴国。吴国在吸收了中原文化和晋、楚两国的人才后,变革图强,国力日渐强大。

此时,昔日的霸主齐国发生内乱,贵族公卿相互争权,国力迅速衰弱。痴迷于军事的孙武没有一展身手的机会,也不愿参与内斗,于是来到吴国隐居,研究兵法,融会贯通后写下《兵法十三篇》。

在此期间,楚国将领伍子胥(xū)逃亡到吴国,结识了孙武,伍子胥对他的军事才华非常钦佩。不久,伍子胥受到吴王阖闾(hé lú)的重用。阖闾问伍子胥如何能征服楚国,谁能胜任统军大将?伍子胥便推荐了孙武。

阖闾读了孙武写的《兵法十三篇》,认可他的才能,但对于他能否运用于实际有所怀疑,便派出一百八十名宫女让孙武小试兵法。孙武首先把宫女分为两队,分别任命两名宠姬为队长,开始整顿军容,严肃军纪。然后反复说明军中前、后、左、右行动的号令,直到宫女们都懂了,孙武开始指挥,用鼓声示意往左,宫女们觉得好玩,哈哈大笑。孙武再次重申军纪,让大家按照要求重新做,但是宫女们却依旧嬉戏打闹,不把号令当回事。

孙武马上把两名宠姬抓起来斩首,说:"第一次违背命令,是我没有说清楚,情有可原。第二次违背命令,就是两个队长的问题,按照军法,应该斩首示众。"两名宠

▲ 孙武练兵

姬吓得花容失色，连声求饶，在高台上观看的阖闾也连忙派人向孙武求情。孙武说："将领在军中，君王的命令有些可以不接受！"坚持把两名宠姬斩首，随后再次指挥宫女，前后左右队形丝毫不乱。孙武请阖闾下台阅军，阖闾伤心两名宠姬之死，婉言推辞。孙武说："大王只喜欢看我写的兵书，却不能运用到实际中啊！"阖闾十分惭愧，觉得孙武治军严明，便任命他为大将。

孙武从此在吴国训练军队，号令严明，能征善战。在孙武的指挥下，吴军连续击破强大的楚军，攻入楚国的国都郢(yǐng)(今湖北省江陵县)。又参与指挥对越国的战争,迫使越国称臣。孙武善战的名声开始在列国流传。

孙武晚年依然隐居在吴国,将自己所写的十三篇兵法加以完善,流传至今,后人称之为《孙子兵法》。

《孙子兵法》共计六千余字,内容博大精深,思想精邃前赡,逻辑缜密严谨,涵盖了政治、军事、外交、经济等众多能决定战争胜负的领域,是我国兵家思想集大成之作。《孙子兵法》也是我国乃至世界最早的军事理论著作,比西方的军事经典《战争论》早两千三百多年,被誉为"兵学圣典""第一兵书"。《孙子兵法》也走出国门,被翻译成英、法、德等多种语言,在世界军事和经济领域被奉为经典。

战术天才孙膑

孙膑(生卒年不详),本名不详,战国初期齐国人,孙武的后代。我国古代著名的军事家。

孙膑年少时曾和庞涓同窗学习兵法,几年之后,两人都成长为优秀的军事人才。

进入战国时代,随着各诸侯国之间的兼并加剧,战争规模日益扩大。各国都迫切需要优秀的将领,军事人才极为抢手,被各国君主争相聘请。

这时,庞涓学有小成,急不可耐地来到当时的强国魏国出仕,很快就崭露头角,开始独当一面。庞涓知道自己的才能不及孙膑,害怕他有朝一日超越自己,为了杜绝后患,把孙膑骗到魏国,随后捏造罪名,砍去孙膑双膝,在他脸上刺上字,使他成为一个残疾人,人们便叫他孙膑。

有一天,孙膑听说齐国使者访魏,深夜偷偷拜见使者,使者觉得孙膑有才华,就暗中带着他回到齐国,寄居在大将军田忌府上。

齐国权贵喜欢赛马,田忌也不例外,但是他的马速度不快,因此经常输。有一次,齐威王举办声势浩大的赛马会,齐国公子们都来参加,孙膑对田忌说:"我有办法让你获胜!"孙膑先让田忌压上千金赌注,说:"比赛分为上、中、下三场,将军调换马匹的出场次序,用上等马对别人的中等马,用中等马对别人的下等马,用下等马对别人的上等马。"田忌采纳孙膑的计策,果然赢得胜利。

田忌觉得孙膑智谋过人,于是推荐给齐威王。齐威王正求贤若渴,马上接见孙膑。孙膑的深刻见解让齐威王心悦诚服,便拜孙膑为军师。

公元前354年,庞涓指挥魏军进攻赵国,赵王向齐威王求救。齐威王准备出兵,想任命孙膑为主帅,孙膑以自己身有残疾为由,建议让田忌做主将,自己担任军师。齐威王同意。大军出发后,田忌计划直接救援赵国。孙膑说:"硬碰硬不是上策。魏军精锐都集中在赵都邯郸(今河北省邯郸市),国内肯定空虚。让齐军佯攻魏都大梁(今河南省开封市),魏军必然回援,如此可以解除赵国之围,然后在半路伏击魏军,必能获胜!"田忌按照孙膑的建议行事,果然调动魏军主力回援,最后在桂陵(今地有争议)埋伏,一举击破魏军,庞涓只身逃脱。这便是著名的桂陵之战以及围魏救赵的来历。

十三年后,魏国又进攻韩国。韩王也向齐王求援,齐王再次派田忌和孙膑领军出征。齐军故技重施,进攻魏都大梁,庞涓迅速撤军回援,迎战齐军。孙膑利用魏军看不起齐军的心理,采用减灶之法,下令进入魏国境内的齐军,第一天设十万个灶做饭,第二天设五万个灶,第三天减为三万个灶。庞涓在追击途中每天清点齐军的灶台,见灶台数日益减少,高兴地说:"我就知道齐军害怕我们!这才三天,士兵都逃亡了一大半。"决定甩开步兵,自己带着轻骑兵兼程追赶齐军。

孙膑估算庞涓天黑时能赶到山林密布、道路曲折的马陵〔今山东省莘(shēn)县境内〕,选取一万名善射的士兵埋伏在四周,剥开一棵大树的树皮,上面赫然写着:"庞涓死于此树之下!"命令士兵看到树前有火把亮起,就万箭齐发。天黑时，庞涓果然赶到此地，行至大树旁，魏军发现树上有字，庞涓让人点亮火把查看。他刚刚看清楚上面的字，齐军就万箭齐发，魏军纷纷中箭身亡，庞涓知道自己陷入重围，拔剑自刎。齐军乘胜追击，击破魏军主力，魏国从此一蹶不振，齐国由此称霸东方。这便是著名的马陵之战。

孙膑将自己所学进行整理，写成《孙膑兵法》。《孙膑兵法》分为上、下两编，总结了战国前期的战争理论，进一步继承和发扬了《孙子兵法》的军事思想，对后世产生了一定影响。

军政全才吴起

吴起（？—公元前381年），战国初期卫国左氏（今菏泽市定陶区西）人。我国古代著名的军事家、政治家和改革家，兵家学派和法家学派的代表人物之一，和孙武并称为"孙吴"。

吴起出生在卫国一个富裕家庭，他自幼就胸怀大志，渴望成就一番事业。为此他花费万金在各国寻找门路，希望在政治上有所发展，但却一无所获，反而把家产耗尽了。左右乡邻纷纷讥讽吴起不自量力，吴起气愤之下击杀乡邻，被迫逃离卫国。临行前,他对母亲起誓:"不当上卿相绝不回乡!"

吴起觉得自己不被重用是因为自身才学不足,为此他拜在曾子门下学习儒家学说,后来又转学兵法,经过刻苦学习,成为精通儒家、法家、兵家精髓的人才。

战国初期,华夏大地正处于社会变革时期,"士"作为一股新兴力量开始登上历史舞台,他们在各国君主间展示才学,以求得进身之阶,一些杰出人才也在各国担任高官。

起初,吴起投奔鲁国权臣季孙氏,帮助鲁国打败齐军立下大功。但是鲁元公听信谗言认为吴起为人"猜忍",不任用吴起为官,吴起非常失望。这时,他听说魏文侯求贤若渴,就来到魏国寻求机会。

在魏国,吴起得到大臣李克的赏识,他向魏文侯推荐吴起为将。于是魏文侯任命吴起为主将,进攻秦国的河西地区(今黄河以西、洛水以东的地区)。在河西之战中,吴起指挥有方,率领魏军接连两次打败数倍于己的秦军,最终夺得河西之地。

魏文侯在河西之地设立西河郡,任命吴起为主将镇守此地。在西河郡期间,吴起改革士兵的选拔制度,组建精锐重装步兵,成为冠绝一时的"魏武卒"。

为了调动士卒的作战积极性,吴起吃住都和士兵们一模一样,丝毫没有将军的架子,而且对士卒关爱有加,魏国士卒都愿意在吴起麾下奋勇作战。

有一次,一位年轻士兵患上疮毒,吴起亲自为他吸出脓包,这一举动让全军感动不已。士兵的母亲听说后,哭泣着说:"从前,孩子的父亲患病,也是吴起吸出脓包,他最后奋勇作战而亡。如今孩子患病,又是吴起亲自救下,我知道孩子也会像他父亲一样在战场上为吴起效命的,如此也就离死不远了。"后来,这位士兵果然奋勇作战而牺牲。

在吴起的领导下,西河郡魏军和周围各诸侯国大战七十六场,全胜的有六十四场。向西北扩地千里,把秦国一直压制在洛水之西不能动弹,为魏国的强盛立下了汗马功劳。

魏武侯即位后,坐船到西河郡巡视,看到山河险要,感叹说:"这里山河险要,魏国能拥有此地,能保万世之基业啊!"吴起当即反驳:"固国在德不在险,从前三苗拥有洞庭湖和鄱阳湖的地利,却被大禹所灭,是因为不修德政;夏桀左临黄河和济水,右有泰山,也因为不施展德政被商汤放逐;殷纣王的江山更为险要,却被周武王所灭。由此看来,固国的确不在于山川之险,而在于施行德政,不然这条船上的人都会成为君王的仇敌啊!"魏武侯虽然表面上接受了吴起的规劝,心中却很不高兴。

不久后,公叔座成为魏国国相。他嫉妒吴起的威望,便向魏武侯进言:"吴起是卫国人,恐怕不会永远忠于魏国,除非他能迎娶魏国公主来证明。"吴起回到国都安邑(今山西省万荣县),公叔座提前宴请吴起,故意把公主请来,在宴会时刺激公主发怒。

吴起在宴会中目睹这一切,误以为魏国公主是跋扈之人,待人无礼,很不喜欢她。后来,魏武侯跟吴起谈起让他迎娶公主,吴起当场婉拒,魏武侯果然开始猜忌吴起,吴起被迫逃离魏国,投奔楚国。

此时,楚悼王急于寻求俊杰来改变楚国大而不强、缺乏凝聚力的局面。他听说吴起来到楚国,非常高兴,马上封他为宛城(今河南省南阳市)守,防备北方韩、魏等国。不久又任命他为国相,委以全权,主持变法。

吴起大刀阔斧地整顿,楚国国力强盛,军队善战。在吴起的统率下,楚军向南方扩地千里,向西击败秦国,向北攻灭陈国和蔡国,击败强大的魏国军队,楚国的威望空前高涨。

但因为吴起在变法过程中打击了楚国权贵利益,让他们嫉恨不已。不过,由于他得到了楚悼王的大力支持,变法暂时取得成功。可是等到楚悼王去世,权贵们联合作乱,在楚悼王的葬礼当天杀害吴起,变法也功亏一篑。

吴起生前著有《吴子兵法》，记载了自己的军事思想和领军作战的经验心得。原著共四十八篇，现仅存六篇，分为上、下两卷。

《吴子兵法》也涵盖了政治、军事和经济等诸多能决定战争胜负成败的领域，是反映古代军事思想的代表作之一，被历代军事家所学习借鉴，享有很高的声誉，和《孙子兵法》比肩，并称为"孙吴兵法"。被译为英、法、俄、日等文字，流传全世界。

经典原文与译文

【原文】孙子曰："今以君之下驷与彼上驷，取君上驷与彼中驷，取君中驷与彼下驷。"既驰三辈毕，而田忌一不胜而再胜，卒得王千金。——摘自《史记》卷六十五《孙子吴起列传》

【译文】孙膑说："今天用你的下等马对他们的上等马；用你的上等马对他们的中等马；用你的中等马对他们的下等马。"三场比赛结束之后，田忌输了一场而赢了两场，最终赢得齐威王的一千金赌注。

出奇制胜：奇，奇兵；制，制服。出动奇兵战胜敌人。

避实就虚：实，主力；虚，弱点。避开敌人的主力，寻找敌人的弱点进行攻击。

以逸待劳：逸，安逸；劳，辛劳。让军队养精蓄锐，等待敌人的疲劳时再进攻。

围魏救赵：围，围困；救，援助。通过围困魏国，迫使魏军撤回进攻赵国的军队，从而救援赵国。比喻进攻敌人的薄弱环节，调动敌军回援。

田忌赛马：赛，比赛。田忌参加赛马，通过调整马的出场顺序，赢得了胜利。比喻善于运用自己的长处。

减灶之计：减，减少；灶，灶台。通过减少全军做饭的灶台，让敌人摸不清己方的具体人数。比喻在战争中隐瞒自己的实力从而迷惑敌人。

伍子胥列传

> 伍子胥（xū）（公元前559—公元前484年），名员（yún），字子胥。春秋末期楚国人，吴国大夫，我国古代著名的政治家、军事家。

● 矢志复仇的悲剧英雄

伍子胥出生于楚国的官宦世家，祖父伍举和父亲伍奢都是楚国很有才干的大臣，家族在国内很有名望。在家风的熏陶下，伍子胥不但文武双全，而且性格耿直，敢于直言。

在位的楚平王昏聩好色，听信奸臣费无忌的谣言，认为太子熊建谋反，把太子的老师伍奢关入监牢，又派使者对伍奢的儿子伍尚、伍子胥传话，只要他们肯回国都，就饶恕伍奢。

兄长伍尚为人忠厚孝顺，听完使者的话，决定回京救父。伍子胥却拦住兄长说："楚王召我们回去，并不是想放了父亲，而是要一网打尽。与其父子三人一同被杀，不如我们出走他国，伺机复仇。"

伍尚认为自己的才干不及弟弟，便让伍子胥出逃他国，以保留家族血脉，自己入京陪同父亲就死。

伍奢听说伍子胥逃走，叹息说："伍子胥能成就大事，定然会为我复仇，楚国君臣将要苦于战争了。"

使者把伍尚带回都城郢（yǐng）都（今湖北省江陵县），楚平王马上将父子两人杀害，重金通缉伍子胥。

此时，楚国虽然距离楚庄王称霸中原已过去了半个多世纪，但仍然是南方的大国。而近邻吴国逐渐崛起，频频挑战楚国，为了控制局面，楚国一面防备吴国，一面扶持吴国的敌国越国。

伍子胥逃出楚国后，几经辗转，决定投奔吴国，利用吴国上下急于称霸的心理，完成复仇。要到达吴国，必须穿越吴楚边境昭关，而此时，通缉他的文书早就遍布边关。伍子胥心急如焚，以至于一夜白头，才得以混过守备森严的昭关。

伍子胥怕有追兵，急忙向前奔跑，被一条大江挡住去路。正在着急时，一位渔夫驾船来接。过江后，伍子胥感激不已，解下宝剑送给渔夫说："我身无余财，这是家传宝剑，价值百金，送给你，聊表心意。"渔夫说："楚王赏以万

▲ 伍子胥过江

金和大夫的爵位捉拿你,我看你是忠良后代,才予以帮助,要宝剑干什么?"

　　伍子胥拜别渔夫,沿途乞讨来到吴国。很快发现公子姬光有称王的野心,但他没有说穿此事,而是把勇士专诸推荐给姬光,自己躬耕于田野,等待机会。七年后,姬光派遣专诸刺杀吴王姬僚,自立为王,是为吴王阖闾(hé lú)。阖闾登基之后,马上对伍子胥委以重任,共商国是。

　　伍子胥改革吴国内政,又把军事家孙武推荐给阖闾,负责训练军队。经过伍子胥和孙武的努力,吴国国力蒸蒸日上，军队骁勇善战，频繁开启了对楚国的战争，屡屡获胜。

公元前506年，伍子胥和孙武见时机成熟，建议阖闾联合唐国、蔡国一起伐楚。阖闾大喜，下令动员全国的兵力进攻楚国，吴军五战五捷，连败楚军，顺利攻入郢都。

吴军入城之前，在位的楚昭王已经出逃。伍子胥没有能够捉住楚昭王，便带领士兵掘开楚平王的坟墓，对着楚平王的遗骸鞭打三百下，以发泄心中怨恨。大仇虽然得报，但伍子胥此举却激怒了楚国民众。

至交好友申包胥派人指责他说："你的手段太过分了，再大的仇恨也不能侮辱逝者啊！"伍子胥回答："我隐忍多年，如今垂垂老矣，才报了大仇，所以才会做出如此倒行逆施的事情！"

吴国击败强大的楚国，一跃成为春秋末期的强国之一。此后，伍子胥协助继任的吴王夫差击败越国，越王勾践退守会（kuài）稽，被迫求和。伍子胥建议夫差斩草除根，彻底消灭越国。夫差没有听从他的忠言，同意了勾践的求和。

伍子胥又几次谏言，请夫差灭掉越国。夫差听信宠臣伯嚭（pǐ）的谗言，反而怀疑伍子胥心怀异志，赐给他宝剑自尽。

临终前，伍子胥仰天长叹："我可以预见将来吴国必被越国所灭！我死后，把我的眼珠挖出来挂在姑苏城（今江苏省苏州市）东面城门上，让我亲眼看到吴国被勾践所灭！"说完自刎而死。夫差听到伍子胥的遗言，勃然大怒，将他的遗体装入皮袋丢进钱塘江中。几年之后，勾践果然灭了吴国。

伍子胥在吴国三十多年，为吴国的发展做出了巨大贡献，忠心耿耿却惨遭冤杀。

吴国民众对他的枉死叹息不已，在钱塘江立祠纪念，命名为胥山。而他忍辱负重、为父报仇的事迹，也在民间广为流传。

经典原文与译文

【原文】 伍子胥谏曰："勾践食不重味，吊死问疾，且欲有所用之也。此人不死，必为吴患。今吴之有越，犹人之有腹心疾也。而王不先越而乃务齐，不亦谬乎！"

——摘自《史记》卷六十六《伍子胥列传》

【译文】 伍子胥劝谏吴王夫差说："越王勾践每餐只吃一个菜，吊唁逝者、慰问病者，这是想要凝聚民心，为他所用啊！此人不死，必然是吴国的大患。现在对吴国来说，有越国存在，就像一个人存有心腹之患一般严重。但是大王不先解决越国而去攻打齐国，这不是很荒谬吗！"

词语积累

掘墓鞭尸：掘，挖掘；鞭，鞭打。挖开坟墓、鞭打尸体。比喻仇恨很深。

日暮途穷：暮，黄昏；穷，尽头。天色黄昏的时候道路也走到了尽头。比喻最后走投无路的时候。

抉（jué）目悬门：抉，挖出；悬，悬挂。挖出眼睛挂在城门上。比喻忠臣受到冤屈，以此明志。

商君列传

> 商鞅（约公元前390—公元前338年），姓姬，公孙氏，名鞅，战国时期卫国（今河南省北部）人。秦国变法的设计者，我国古代著名的思想家、军事家和改革家，法家代表人物。

● 秦国强盛的奠基人

商鞅是卫国国君的后代，年轻时非常喜欢法家思想，深受魏国大臣、法家先驱李悝（kuī）学说的影响。

战国初期，各诸侯国之间的竞争越来越激烈，各国都在寻求能富国强兵的人才。魏国率先任用李悝实施变法，国力强盛，向西打败秦国，占领河西（黄河以西，洛水以东）之地，向东称霸中原，在战国初期独领风骚。

起初，商鞅在魏国国相公叔座府上担任幕僚，公叔座发现他才华出众。公叔座病重，魏惠王上门探视，公叔座说:"请大王让商鞅继任国相,他一定能让魏国更加强盛。如果不用,请务必杀掉他,不能让他被别国所用。"魏惠王答应下来,就走了。

公叔座马上召来商鞅,说:"我向大王举荐你为国相,但我看他没有用你的意思。我又建议他杀了你,大王同意了,你还是赶快离开魏国吧!"商鞅淡定地回答:"大王既然不肯听你的话任用我,又怎么会听你的建议杀掉我呢?"就继续留在魏国。

公叔座去世后,魏惠王果然没有任用商鞅,也没有杀他。此时,秦孝公刚刚即位,有志于恢复秦穆公的霸业,收复被魏国侵占的失地,向各国发布求贤令,承诺只要能让秦国强盛,便给予高官厚禄。商鞅听说后,前往秦国寻求机会。

商鞅第一次见秦孝公,大谈上古帝王的治国之道,秦孝公听得昏昏欲睡,认为他大言欺人。第二次见面,商鞅谈论儒家的王道之治,秦孝公还是不感兴趣,并责备引荐商鞅的近臣。

商鞅第三次拜见,谈论以武力称霸之道,秦孝公很感兴趣,想要继续交谈。商鞅第四次拜见,已经摸准了秦孝公的意图,全部谈论法家富国强兵的主张,秦孝公听得入神,一连谈了几天几夜,不知疲倦。

公元前359年,秦孝公决定实施变法,但他担心国人

史记（下）·商君列传

议论，便召开朝会商讨此事。商鞅舌战群臣，反驳了守旧大臣复古的主张，坚定了秦孝公变法的信心。随后，秦孝公任命商鞅为左庶长，担任秦国首席军政大臣，全面主持变法。

商鞅为了树立威信，取信于民，先在国都南门立起三丈高的木头，下令说："谁能把木头由南门搬到北门，赏黄金十两！"百姓们议论纷纷，没有人相信。商鞅提高赏

▼ 商鞅立木赏金

金到五十两，有个百姓抱着试试看的心态，把木头搬到了北门，商鞅马上赏赐五十两黄金。通过这件事，商鞅在百姓中树立了威信，保证了新法的公信力。

商鞅变法分为两步：第一步，改革户籍、实施什伍连坐、奖励军功、建立二十级爵位、奖励耕织等，这些政策都能给农民带来实惠，相对容易实施；第二步，废井田开阡陌、推行郡县制、统一度量衡、允许土地私有及买卖、禁止游民及官吏请托等，这都是国家大政。新法实施几年后，农民勤于耕作，军队作战勇猛，府库变得充盈。

公元前341年，魏国与齐、赵两国交战，商鞅力劝秦孝公趁机出兵。秦孝公任命商鞅为统帅，进攻魏国，魏国派公子魏卬（áng）迎战。商鞅给魏卬写信，回忆了当年的友谊，表示愿意订立盟约，保持两国和平。

魏卬信以为真，前往秦军大营拜会商鞅，商鞅趁机进攻，魏军群龙无首，最终大败。魏惠王被迫割让河西之地求和，说："寡人后悔当初没有听信公孙痤之言。"商鞅胜利班师，秦孝公把商於（yú）十五个城邑封给他，号称商君。

商鞅变法让秦国强大，也得罪了很多保守派。变法的第一年，太子嬴驷就触犯了新法，商鞅毫不手软，处罚了太子老师公子嬴虔。秦孝公去世后，嬴驷即位，是为秦惠文王。嬴虔诬告商鞅谋反，秦惠文王下令逮捕他。

商鞅匆忙出逃到边关，想要住店，客舍主人见他没带证件，说商君之法，不敢收留没有证件的客人。商鞅想逃往魏国，魏国人因为他曾欺骗魏卬，拒绝他入境。无奈之下，商鞅逃回商於，举兵自保，失败后战死，尸身被带回京城，处以车裂之刑。

商鞅死后，他的新法在秦国继续实施，秦国最终成为战国时期国力最雄厚的国家，为秦始皇统一天下打下了坚实基础。

商鞅变法的成功，促成了法家学派成为当时的显学，法家主张的中央集权、郡县制和重农抑商等措施，也被后世继承，成为两千余年封建王朝的基本国策。

商鞅的变法思想，被后人汇编成《商君书》，成为法家的代表作之一，对后世产生了重要影响。

经典原文与译文

【原文】 已乃立三丈之木于国都市南门，募民有能徙置北门者予十金。民怪之，莫敢徙。复曰："能徙者予五十金。"有一人徙之，辄（zhé）予五十金，以明不欺。——摘自《史记》卷六十八《商君列传》

【译文】商鞅后来便在国都的南门竖起三丈高的木头,招募能够搬到北门的民众,赏金十两。民众觉得奇怪,没有人敢去搬。商鞅又说:"能把木头搬到北门的人赏金五十两。"有一个人把木头搬到了北门,马上赏赐五十两黄金,以表示绝不欺骗。

立木为信:立,竖起;信,信用。竖起木头,开出赏金让人搬走,以此树立信用。比喻树立信用的重要性。

作法自毙:作法,自己立法。自己立法,结果让自己受到伤害。比喻自作自受。

腹心之疾:腹心,腹部和心脏;疾,疾病。心脏和腹部的疾病对人的威胁很大。比喻对自己威胁最大的事情。

苏秦列传

> 苏秦（？—公元前284年），己姓，苏氏，字季子，战国东周洛邑（今洛阳市）人。我国古代著名的纵横家、外交家，纵横学派的代表人物。

● 佩六国相印的纵横家

苏秦出生于农民世家，年轻时外出求学，和魏国人张仪一起拜鬼谷子为师。学成之后，苏秦在外游历多年，希望能做一官半职，最终囊中羞涩，受尽羞辱后回家。刚进家门，迎接他的却是兄嫂和邻居的讥讽，大家都说他不务正业，只会逞口舌之利。

苏秦深感羞愧，闭门不出，逐一钻研家中藏书。看累了，就用绳子把头发扎紧，吊在横梁上；犯困了，就用锥子刺大腿，血流不止。经过一年多的刻苦攻读，他终于揣摩出一套合纵连横的策略，觉得凭此就能游说各国君主。

▲ 苏秦悬梁刺股

　　时值战国中期，大国之间的兼并战争非常激烈，秦国经过商鞅变法后一家独强，屡次东出攻城略地。其余六国疲态渐显，在秦国的压力下都想方设法保全自己，这就为纵横家提供了施展才华的广阔空间。

　　苏秦首先垂青最强大的秦国，他游说秦惠文王说："秦国是天府之国，山河险要，百姓众多，士兵善战，足以吞并天下！"秦惠文王当时刚杀掉商鞅，不喜欢游说之人，没有任用苏秦。

　　苏秦马上改变策略，来到国力最弱的燕国，游说燕文侯说："燕国地处北方，一直安然无事，那是因为与赵国邻近，赵国抵挡了秦国。如果燕国能够跟赵国联合，再把各国连为一体，燕国还有什么忧虑的呢？"燕文侯说："如果你能用合纵的办法让燕国平安无事，寡人愿意举国相从！"于是赞助苏秦车马金帛，让他前往赵国游说。

苏秦来到位于燕国西南方的赵国，游说赵肃侯说："赵国与秦国之间夹着魏国、韩国，君王如果坐视秦国灭掉这两国，则齐国和楚国势必衰弱，赵国就孤立无援了！为今之计，不如联合其他五国，合纵对付秦国，六国结为一体，秦国必定不敢进犯，赵国就能成就霸主之业了。"赵肃侯说："寡人刚刚即位，没有听过这么高明的见解。先生有志于此，寡人愿意举国相从。"于是资助苏秦去游说其他诸侯。

苏秦正要前往韩国游说，秦国出兵攻打魏国。苏秦设计激怒同学张仪，促使他入秦，游说秦王不去进攻赵国，保护了合纵的成功。

苏秦接着先后拜会韩国、魏国、齐国、楚国，达成合纵联盟，被任命为联盟长，佩戴六国相印，一人主管六国的外交。

苏秦从楚国北上，带着六国使者和车马财宝返回赵国复命，途经洛阳，东周天子赶快派人打扫道路，宰杀牛羊犒劳苏秦，苏秦的家人也在路边恭迎，匍匐在地，不敢仰视他。苏秦感叹地说："我贫贱的时候，你们都看不起我；我显贵的时候，你们都奉承我！假如当年没有贫贱，我还会有今天的成就吗？"说完，不计前嫌赏赐众人很多钱财。

苏秦回到赵国，赵肃侯听说合纵成功，非常高兴，封他为武安君，留在赵国主持合纵事务。苏秦把六国盟约送到秦国，秦国上下大为恐惧，连续十五年不敢东出攻打各国。

后来，秦王派使臣出使齐、魏两国，从内部瓦解合纵联盟。在重利诱惑下，齐、魏两国联合进攻赵国，赵王因此责怪苏秦。苏秦害怕被责罚，主动请求出使燕国，报复齐国。苏秦走后，六国合纵从此瓦解。

这时，秦王为了拉拢燕国，将自己的女儿嫁给燕国太子。苏秦到燕国后不久，燕文侯去世，太子登基，是为燕易王。齐国趁机侵占燕国十座城池，燕易王让苏秦前往齐国索要。苏秦成功说服齐宣王归还失地，得到燕易王的信任。

不久，苏秦与燕国太后的私情被燕易王知道，但燕易王没有责怪他。苏秦心中惶恐，对燕易王说："臣留在燕国，对提高燕国的地位毫无帮助，但如果能到齐国去，绝对会提高燕国的地位。"燕易王同意，苏秦便佯装得罪燕王，逃亡齐国避难，被齐宣王任用为客卿。

齐宣王去世后，齐湣（mǐn）王继位。苏秦不断蛊惑齐湣王大兴土木，损耗齐国国力。齐国公卿相互争宠，派人刺杀苏秦，苏秦身受重伤，临死前请求齐湣王说："苏秦是燕国间谍，一直在坑害齐国。请大王将这个消息公之于众，才能抓到凶手。"齐湣王遵照苏秦的要求，在闹市中将他车裂，成功引出了凶手，将他诛杀。

苏秦死后不久，他暗助燕国破坏齐国的事情被泄露，齐湣王这才知道苏秦真的是燕国的间谍，大为愤怒，齐国和燕国彻底交恶（wù）。

苏秦虽然身死，但他联合六国抗秦、维持七国力量均势的合纵理论，成为此后山东六国联合抗秦的指导思想。战国中后期，六国多次开展合纵，极大地延缓了秦国统一六国的步伐。苏秦从地缘政治和联盟战略出发，联合弱国限制强国的思想，对现代政治和外交也有着很大的借鉴作用。

经典原文与译文

【原文】 苏秦笑谓其嫂曰："何前倨（jù）而后恭也？"嫂委蛇（yí）蒲服，以面掩地而谢曰："见季子位高金多

也。"——摘自《史记》卷六十九《苏秦列传》

【译文】苏秦笑着对他的嫂子说:"你为什么此前那么傲慢,现在这么恭敬呢?"嫂子蜷曲身体、跪坐于地,脸朝地面,道歉说:"因为现在小叔权位高、发大财了啊!"

衣锦荣归:衣锦,穿着华丽的衣服。穿着华丽的衣服,前呼后拥地回到故乡。比喻穷困之人得志后回到故乡炫耀。

悬梁刺股:悬梁,把头发系在横梁上;刺股,用利器刺大腿。把头发系在横梁上,用利器刺大腿,以此刺激自己集中精力学习。形容刻苦读书、发奋图强。

前倨后恭:倨,倨傲;恭,恭敬。开始很倨傲,后来很恭敬。比喻对人的态度十分势利。

张仪列传

> 张仪（？—公元前309年），战国时期魏国安邑（今山西省万荣县）人。我国古代著名的纵横家、外交家，纵横学派的代表人物。

● 巧舌如簧的纵横家

张仪早年拜入鬼谷子门下学习，和苏秦是同学，苏秦经常感叹自己的才学远远不及张仪。

学成之后，张仪、苏秦分别游说列国。有一次，张仪在楚国陪同国相喝酒，不久国相家丢失了一块玉璧，大家怀疑是张仪偷了，抓住他猛打一顿。张仪的妻子抱怨他读了这么多书，反而遭受这种侮辱。张仪问妻子："我的舌头还在吗？"妻子笑着说还在。张仪说："那就足够了！"

不久，苏秦用合纵之术成功游说燕国、赵国，准备联合六国一起抗秦，急需一位得力辩士前往秦国游说，拖延秦军进攻赵国的时间，于是找人提醒张仪前来投奔自己。张仪赶紧来到赵国，求见苏秦，苏秦故意不予理睬，用佣人的饭菜招待他，还出言羞辱。张仪一气之下，拂袖前往秦国，想借助秦国的力量攻打赵国。苏秦派人跟随张仪，沿途暗中相助，提供车马钱财，让他顺利见到了秦惠文王，张仪成为秦国的客卿后，苏秦这才如实相告，原来一切都是他的安排。张仪感叹说："我和苏秦同门学习，对他的谋划竟然没有丝毫察觉，苏秦的确比我高明啊！只要苏秦还在，我绝对不会奢谈攻赵。"

张仪能言善辩，极富外交才干，劝说各个诸侯国退出合纵联盟，献出土地求得秦国的保护，立下大功。秦惠文王封他为国相，位居百官之首，主管外交事务。

公元前313年，秦国准备进攻齐国，秦惠文王担心齐国的盟友楚国出兵相救，派张仪出使楚国。楚怀王听说张仪来到，亲自到宾馆迎接，询问张仪的目的。张仪说："大王若是能和齐国断绝来往，秦王愿意献出商於（yú）一带六百里土地。"

楚怀王见有利可图，答应了这件事，马上宣布和齐国废除盟约，派人跟随张仪到秦国接收土地。张仪回到秦国，佯装摔伤，一连三个月在府中养病，对楚国使者避而不见。楚怀王听说后，认为是张仪嫌弃自己和齐国断交不彻底，

▲ 张仪欺骗楚怀王

就派使者到齐国边境辱骂齐王，齐王便和秦国结盟，共同对付楚国。张仪这才假装病好上朝，楚国使者找他索要土地，张仪惊讶地说："我只答应把秦王赐给我的六里封地献给楚王，从来没有说有六百里。"楚怀王闻讯大怒，派兵攻打秦国，反而被秦国和齐国联合击败，丢弃了临近秦国的大片土地。

两年后，秦国想用武关（今陕西省商洛市境内）外的土地换取楚国的黔中之地，楚怀王对张仪恨之入骨，声称只要得到张仪，黔中之地白送给秦国。张仪主动请缨再次

二十四史马上读，语文历史都进步

出使楚国，胸有成竹地对秦惠文王说："臣和楚国大夫靳尚关系要好，靳尚能通过楚国王后郑袖影响楚王的决定。况且臣是大王派遣的使者，楚王又怎么敢下手呢？如果杀了臣能得到黔中之地，这也是臣的最大心愿！"

张仪来到楚国，马上被楚怀王关入监牢。靳尚连忙入宫对王后郑袖说："大王要摒弃你了！"郑袖大惊失色，连忙询问原由，靳尚说："秦王非常器重张仪，为了救他，不仅愿意割地给楚国，还要进献秦国的美女。大王重利好色，肯定会宠爱秦国美女，夫人你就危险了！不如赶紧劝说大王放了张仪。"郑袖替张仪说情："大臣都是各为其主，大王还没有把黔中之地给秦国，张仪就来了，这是秦国尊敬大王的表现。如果杀了张仪，秦王必定出兵攻打楚国。臣妾请求搬到江南居住，以躲避战祸。"楚怀王顿时觉得后悔，释放了张仪。

张仪被释放后，敏锐地察觉到瓦解合纵联盟的好时机到了，便说服楚王和秦国亲善，退出了合纵联盟。紧接着，他先后游说韩国、齐国、赵国、燕国，使这些国家都退出了合纵联盟，为秦国东出铺平了道路。

等张仪回到秦国，秦惠文王已经去世，继任的秦武王十分崇尚武力，厌恶只能逞口舌之利的张仪，秦国大臣也说他的坏话，秦武王和张仪之间嫌隙渐深。张仪担心被杀，有心出国避祸,向秦武王进言:"齐王最恨臣,臣到哪个国家,他就会出兵进攻。为了秦国着想,臣想去魏国,齐国必定会攻打魏国。大王乘机进攻韩国,兵临西周都城洛邑,挟持周天子,威慑各国诸侯,这是帝王的功业!"秦武王派人护送张仪前往魏国,齐王果然发兵进攻魏国。张仪派门客前往楚国,借用楚国使臣规劝齐王罢兵。一年之后,张仪在魏国去世。

张仪的连横策略被历代秦王沿用,大大加快了秦国统一六国的步伐。

经典原文与译文

【原文】尝从楚相饮,已而楚相亡璧,门下意张仪,曰:"仪贫无行,必此盗相君之璧。"共执张仪,掠笞数百,不服,醳(shì)之。其妻曰:"嘻!子毋读书游说,安得此辱乎?"张仪谓其妻曰:"视吾舌尚在不?"其妻笑曰:"舌在也。"仪曰:"足矣。"——摘自《史记》卷七十《张仪列传》

【译文】张仪曾陪着楚相喝酒,不久楚相丢失了一块玉璧,门客们认为是张仪偷窃,说:"张仪贫穷而没有品行,一定是他偷去了国相的玉璧。"于是,大家把张仪拘捕起来,拷打了几百下。张仪始终没有承认,只好释放了他。他的妻子责怪他说:"唉!你要是不读书游说,又怎么能受这样的屈辱呢?"张仪对妻子说:"你看看我的舌头还在不在?"他的妻子笑着说:"舌头还在。"张仪说:"这就够了。"

词语积累

众口铄(shuò)金:铄,融化。众人的言论能够融化金属。比喻舆论影响强大。

积羽沉舟:羽,羽毛;沉,沉没。羽毛装载多了,会让船沉没。比喻小患多了,会积累成大患。

远交近攻:交,外交。对远处的国家结盟交往,先进攻附近的国家。比喻先稳住并麻痹远处的敌人,打击近处的敌人。

白起王翦列传

> 秦国在统一六国的过程中，涌现出许多名将，他们战功赫赫，但也各有所短。司马迁选取最具代表性的白起、王翦（jiǎn）合为一传，以昭示后人。

● 一代战神白起

白起（？—公元前257年），秦国郿（méi）邑（今陕西省眉县）人。战国晚期秦国名将，杰出的军事家，兵家学派代表人物。

白起出生于平民阶层，从小十分痴迷军事，长大后加入秦军，在战争中不断学习，逐渐成长为优秀将领。

当时，秦国距离商鞅变法已经过去了六七十年，国力持续强大，士卒善战。在位的秦昭王雄心勃勃，制定了东进击败赵、魏、韩三国，图谋天下的战略，能征善战的良将成为最急需的人才。为此，秦昭王实施了彻底的军功爵制，大力提拔有才能的底层军官，白起屡立战功，脱颖而出。

白起率领秦军击溃韩、魏联军二十四万人，夺取魏国三十一座城池，打通了秦国东出崤（xiáo）函的通道。又连续击败楚国，直至占领其郢（yǐng）都，焚烧了楚国先王的坟墓，楚国从此一蹶不振。

公元前262年，白起攻占韩国的野王邑（今河南省沁阳市），断绝了韩国上党郡和国都的联系。上党郡郡守冯亭拒绝韩王要求他投降秦国的命令，带领民众归附赵国。赵王贪图土地，接受了冯亭的归附，派遣名将廉颇为统帅，驻守在长平（今山西省高平市境内）一带，防备秦军进攻。

赵国经过赵武灵王"胡服骑射"的改革后，国力迅速增加，成为战国中期唯一能与秦国匹敌的国家，秦、赵之间早晚有一场大战。此次，秦昭王听说赵国接纳上党郡，非常愤怒，派大将王龁（hé）攻打上党郡，伺机进攻赵国。秦、赵之间的国运之战就此开始。

在廉颇的顽强防守下，秦军连续三年始终无法攻破长平防线。于是秦昭王派人携带重金去赵国实行反间计，声称廉颇老迈，秦军根本不害怕他，只怕马服君赵奢的儿子赵括。赵王本来对廉颇的坚守之策有所不满，现在听说此事，便派赵括替代廉颇为主将。秦昭王得知赵军换将，秘密任用白起替换王龁，晓谕全军说："敢泄露白起担任主帅的，杀无赦！"

赵括上任后，主动进攻秦军，白起正中下怀，立即避实就虚，在后方设下埋伏圈，带领秦军佯装战败后撤，同时派出两支奇兵插入赵军后方，偷袭空虚的赵军长平大营。赵军一直攻到秦军大营，白起指挥秦军依靠坚固的营垒防守，赵军数次攻打，一无所获。

这时，秦军的两支奇兵已经到位，将赵军一分为二，切断了赵军粮道，白起迅速指挥秦军合围。赵军被围，军心大乱，赵括接连斩杀八位临阵脱逃的都尉，才勉强稳定军心，命令四十万赵军从四面八方冲击秦军的包围圈，始终没能成功突围。白起见时机成熟，下令秦军收紧包围圈，将赵军分割成三段，首尾无法兼顾，赵括只好下令固守待援。

在后方督战的秦昭王听说赵军被围，马上下达全国动员令，就近征调河内郡（今河南省北部）十五岁以上男丁全部参战，有力地保证了充足的生力军。赵军断粮四十多天，饥饿不堪，自相杀食，赵括组织赵军分为四队，发起决死突击，无法成功突围，赵括被乱箭射死，四十万赵军投降。白起为了削弱赵国的国力，下令将四十万赵军俘虏全部坑杀，只放归了年纪最小的两百四十人。赵国经此一战，元

二十四史马上读，语文历史都进步

气大伤，再也无力跟秦国抗衡。

长平之战胜利后，白起兵分三路继续进攻，准备一鼓作气灭亡赵国。赵国派遣使者前往秦国，贿赂国相范雎（jū）说："白起灭赵后，肯定位列三公，地位在你之上，你愿意屈居他之下吗？"范雎深以为然，说服秦昭王撤军。白起听说此事，心有不忿，和范雎交恶。

不久，秦昭王派遣王陵进攻赵国都城邯郸，白起因为患病，没有出征。秦军战败，秦昭王想启用白起为帅，白起认为灭亡赵国的时机已经丧失，就此进行规劝，秦昭王不听，秦军再次战败。白起听说了消息，感叹说："大王当初不听我的话，才落得如此结果啊！"秦昭王原本对白起抗命心有不满，听到这句话非常生气，强制命令白起为帅，白起自称病重，执意不从。范雎出面调解，也被拒绝。秦昭王愤怒之下，将白起赶出国都咸阳（今咸阳市）。

白起才走到杜邮（今咸阳市境内），秦昭王鉴于白起战功太大，现在又心存怨念，派人赐给宝剑，逼迫他自杀。白起仰天长叹："我有什么罪过，竟然落得如此下场！"又说："长平之战，我用欺骗手段杀死四十万降卒，这就足够该死了！"说完拔剑自刎。

白起在秦国为将三十余年，参加大小战役七十余次，无一败绩。他开创了我国历史上最早、规模最大的包围歼

062

▼ 白起被迫自杀

灭战先例,奠定了一代名将的基础,与王翦、廉颇、李牧并称战国四大名将。

能谋善战的王翦

王翦(生卒年不详),秦国频阳县(今陕西省富平县)人。战国末期秦国的名将,我国古代杰出的军事家。

王翦自幼深受秦国尚武风气的影响,立志成为大将军,潜心诵读兵书,练习武艺,逐渐成长为优秀的军事将领。后来侍奉当时还是秦王的秦始皇,得到信任。

战国末期,经历了几百年的兼并战争之后,秦国明显占据上风,统一的趋势越来越强。秦始皇铲除了叛乱的嫪毐(lào ǎi)集团,诛杀国相吕不韦,彻底掌控秦国大权,开始部署消灭六国的统一战争,王翦成为秦军主帅之一。

当时,韩国最为弱小,最先被灭。秦始皇派王翦先后灭掉赵国和燕国,他的儿子王贲(bēn)单独领军消灭了魏国,六国只剩下楚国和齐国两个大国。

鉴于楚国国土辽阔,兵力雄厚,秦始皇召见群臣商议灭楚大计。王翦说:"消灭楚国需要六十万军队。"另一位年轻将领李信说:"臣只需要二十万人就够了。"秦始皇此时志得意满,认为王翦上了年纪,变得胆小怕事,派李信带领二十万人南下灭楚，王翦称病回到老家，闭门不出。

楚军采取故意示弱的战法，引导李信孤军深入，大败秦军。秦始皇大为震怒，连夜驾车来到王翦家中，道歉说："寡人轻信李信的话，让秦国蒙受重大损失。现在楚军逼近边境，将军虽然生病了，难道忍心置之不理吗？"王翦以老迈多病为由推辞，秦始皇再次表达歉意，力劝王翦挂帅出征。王翦说："大王坚持用臣，臣还是要六十万大军，才能出征。"秦始皇满口答应。

王翦出征前，秦始皇前来送行。刚一见面，王翦就请求多赏赐田地宅院、园林池塘。秦始皇笑着说："将军尽管出征，何必担忧没有赏赐呢？"王翦连忙说："臣这是趁着还有大王的宠信，为子孙后代多置点家产啊！"秦始皇大笑，同意了他的要求。

王翦带领大军出发，还没有走出函谷关（今河南省三门峡市境内），就连续派出五批使者，催促秦始皇尽快赐予良田美宅，部下十分奇怪，认为王翦的要求非常过分。王翦说："大王喜猜忌，生性多疑，现在把全国的军队都交给我统率，心里其实非常担心。我只有多要赏赐，表明自己胸无大志，贪图财物，才能打消他心中的疑虑，为自己和子孙免祸！"

王翦领军进入楚国境内，四十万楚军倾国而来。王翦却安营扎寨，不论楚军如何挑衅，一律闭门不战，每天除了让士卒游戏比赛，就是休息娱乐。有一天，王翦问身边的人："将士们都在干什么？"有人回答说在玩投石的游戏。王翦说："战士们可以投入使用了。"僵持了一年之后，楚军粮尽，兵力又相对较少，不敢与秦军决战，只好向东撤退。秦军经过休养生息，士气正旺，趁机追击，斩杀楚军统帅项燕，楚军主力被消灭，楚王被俘虏，楚国就此灭亡。

秦始皇完成统一后，王翦急流勇退，得以善终。他没有利用自己的影响力辅助秦始皇建立德政，而是选择明哲保身，被后世史家指责。

王翦一人灭亡赵、燕、楚三国，为秦国统一天下立下了不朽功勋，成为继白起之后，秦国屈指可数的军事家之一。

经典原文与译文

【原文】于是王翦将兵六十万人，始皇自送至灞（bà）上。王翦行，请美田宅园池甚众。始皇曰："将军行矣，何忧贫乎？"王翦曰："为大王将，有功终不得封侯，故及大王之向臣，臣亦及时以请园池为子孙业耳。"——摘自《史记》卷七十三《白起王翦列传》

【译文】于是王翦率领六十万大军出征,秦始皇嬴政亲自送行到达灞上(今西安市境内)。王翦启程,请求秦始皇赏赐很多良田美宅、园林池塘。秦始皇说:"将军尽管出发,何必担忧贫穷呢?"王翦说:"臣作为大王的将领,即便有功劳也终究不能封侯,因此趁着大王还器重臣,臣也好及时请求多赏赐园林池塘为后世子孙置办家业罢了。"

词语积累

偷合取容:合,迎合。奉承别人,使自己苟且地生活下去。后来比喻为了苟且偷生而拼命巴结别人。

尺有所短,寸有所长:短,不足;长,有余。尺有自己的不足,寸有自己的长处。比喻各有长处,也各有短处,都有可取之处,没有一样事物全是优点或全是缺点。

孟子荀卿列传

> 《孟子荀卿列传》主要记载孟子和荀子的事迹，同时旁涉战国时期的道家、名家、法家、墨家、阴阳家等十余位思想家，因而成为研究古代思想史的重要文献。本书选取孟子、荀子为代表。

● 儒家亚圣孟子

孟子（约公元前372—公元前289年），名轲，字子舆，战国中期邹国（今山东省邹城）人。我国古代著名的思想家、教育家，儒家学派的代表人物，与孔子并称"孔孟"。

孟子的祖先是鲁国贵族孟孙氏，孟孙氏家族衰微后，一部分人迁徙到邹国定居。孟子小时候父亲去世，母亲独自抚养他长大。

孟母对孟子要求非常严格。刚开始，母子两人住在墓地附近，小孟子天天模仿送葬者跪拜哭泣，孟母看见后说："住在这里学不到好东西。"于是搬到集市居住。一段时候后,小孟子经常学习商人吆喝,孟母再次搬家,住在学校附近。这一次,小孟子看到学者们彬彬有礼的样子,同样学得有模有样,孟母说:"这才是我儿子应该住的地方啊!"

后来,孟子师从孔子的孙子子思的门下学习儒学,刻苦钻研,深得精髓,成为儒家学派的大学者。孟子很推崇孔子,曾经因为自己没有成为他的直系弟子而深感遗憾,极其推崇他的仁政思想。

孟子所处的战国中期,法家思想已经被证明是富国强兵的好办法,墨家提倡"兼爱""非攻",也赢得众多支持,成为当时的显学。其他各个学派也纷纷推行自己的救世主张,游说各国君主。儒家作为创建最早的学派,树大根深,但不断受到其他学派的攻击,影响力逐渐减弱。孟子目睹这种情况,决心振臂高呼,积极宣扬自己的理想,想要推行自己的主张。

孟子首先来到齐国,齐威王对他"仁政无敌"的建议不感兴趣。孟子在齐国待了一段时间得不到重视。这时,魏国因为接连被齐、秦等国击败,从霸主地位跌落下来。魏惠王发布招贤令,寻求能够让魏国快速振兴的贤者,孟子便来到魏国,这时他已经五十多岁了。

魏惠王问孟子:"老先生不远千里而来,是有有利于魏国的高见吗?"孟子说:"大王为什么开口就言利呢,治国要以仁义为本啊。"开始谈论自己的治国之道,主张施行仁政,让老百姓生活安定,他们必定懂得报效国家,就算拿着木棍,也能击败入侵的强国。魏惠王认为孟子的理论太过于遥远空泛,没有采纳。

魏惠王去世后,孟子看不上新即位的魏王,恰好齐宣王刚刚即位,孟子又回到齐国,受到礼遇。齐宣王也认为孟子的主张不能够马上富国强兵,因此安排他到当时的最

▼ 孟子讲学

高学术机构——稷下学宫成为一名学者，给予很高的待遇，但不采纳他的主张。

多年碰壁并没有让孟子心灰意冷，他离开齐国，回到故乡邹国，专心授徒，传授儒家知识，与众弟子将自己的见解以及跟各国君主的对话记录下来，写成《孟子》一书。

《孟子》全书共七篇，集中体现了孟子的治国主张、儒家的仁政哲学，内容涵盖广泛，在各个领域都产生了重大影响。从唐代开始，《孟子》不断受到推崇，南宋学者朱熹（xī）将它列为"四书"之一，成为元明清三代的官方意识形态和科举必考书。

孟子去世后，他的思想被越来越多的人接受和信仰，后人尊他为儒家亚圣。他的"民为贵，君为轻""人性善"等思想，历久弥新，在现代社会仍然有着很强的借鉴意义。

● 学贯百家的荀子

荀子（约公元前313—公元前238年），名况，字卿，战国晚期赵国人。我国古代著名的思想家、教育家，儒家学派的代表人物，先秦百家争鸣的集大成者。

荀子祖上是晋国六卿之一的荀氏。荀子自幼热爱学习，少年时代广泛涉猎了诸子百家的著作，尤其喜欢儒家学说。

战国末期，秦国统一天下的趋势已经非常明显，在思想界，百家争鸣也呈现出彼此融合的局面。荀子以儒家为本，批判性地发展了儒家正统理论，又博采众长，吸纳诸子百家思想，主张"礼法并施"，强调学以致用，创立了完备的朴素唯物主义哲学体系。

　　荀子学有所成，首先来到齐国。此时，齐国刚刚击败燕国，复国不久，即位的齐襄王急于恢复国力，四处延揽人才。荀子年纪大，道德学问也最高，被齐襄王任命为当时的最高学术机构——稷下学宫的祭酒，并在十年之中连续三次当选。但有一些学者非常不满，暗中中伤荀子，荀子被迫辞官。

　　后来，荀子应秦昭王的邀请来到秦国，发现秦国强大是因为彻底执行了商鞅变法的措施。荀子肯定了变法带给秦国的巨大变化，发现秦国因此喜欢严刑峻法，对于用道德教化百姓很不以为然，这和自己心中的王道政治相差很远，因此离开秦国回到故乡赵国。

　　这时，赵国经历了胡服骑射，国力大振。荀子回国不久，赵孝成王召见他，和临武君一起谈论兵法。荀子说："齐国的'技击'、魏国的'武卒'和秦国的'锐士'都是各国的精锐部队，但是都不能与齐桓公和晋文公那样的仁义之师匹敌。如果谁能够用仁义节操教导士卒，让他们尊重君主、讲究气节，这样的军队才是无敌的。"赵孝成王表示赞赏，但却没有采纳。

后来，荀子受楚国国相春申君之邀，担任兰陵县（今山东省兰陵县）县令。不久，春申君被杀，荀子被迫辞官，从此定居楚国。此后，荀子广收弟子，授徒著书，许多人慕名而来，其中最著名的就是李斯和韩非。随着汉代之后儒学取得独尊的地位，荀子因为这两名法家弟子而备受批判。

荀子和弟子们收集记录自己和他人的言行，撰写了《荀子》一书。《荀子》全书共三十二篇，大部分内容为荀子亲笔所写，擅长说理，语言精练，有很强的说服力和感染力，是战国后期儒家学派的重要代表作。

荀子继承了孔子的"外王之学"，主张"性恶论"，强调外部环境的影响；强调用法律约束人民，用礼法来教导人民。荀子是战国时期与孟子比肩的思想家，成为后世儒家学派的两个重要分支。也因此，司马迁将两人相提并论。

经典原文与译文

【原文】齐尚修列大夫之缺，而荀卿三为祭酒焉。齐人或谗荀卿，荀卿乃适楚，而春申君以为兰陵令。春申君死而荀卿废，因家兰陵。李斯尝为弟子，已而相秦。——

摘自《史记》卷七十四《孟子荀卿列传》

【译文】齐国正在访求列大夫爵位的人选，而荀卿三次担任祭酒。有些齐国人诽谤荀卿，荀卿就前往楚国，楚国国相春申君任命他为兰陵县县令。春申君被杀后，荀卿被罢官，就在兰陵县定居。李斯曾是他的学生，后来担任秦国的丞相。

废书而叹： 废，停止；叹，叹息。看书看到感动的地方，停止看书发出感叹。形容看书时对内容很有感触，不由发出感叹。

高门大屋： 高，宽大。指豪门之家。

赤县神州： 赤县，炎帝统领的土地；神州，黄帝统率的土地。后来作为中国的统称。

孟尝君列传

> 田文（生卒年不详），妫（gui）姓，田氏，又称薛公，战国中期齐国人。齐威王的孙子，战国四公子之一。

拥士自重的孟尝君

田文的父亲田婴，是齐威王的小儿子，被封在薛邑（今山东省藤县），总共有四十多个儿子，田文最小。

田文出生于五月初五，当时的人认为，这个日子出生的孩子会克死父母，田婴因此不准养活他。田文的母亲偷偷抚养他长大，并想办法让田文见到了父亲。

田婴很生气，田文大礼参拜父亲后，问道："人的命运是由上天注定的，还是门户决定的？"田婴回答不上。

田文继续说："父亲担任齐国国相这么多年，田家财货如山，齐国国力却日渐衰微，没有贤能之士；父亲的姬妾锦衣玉罗，宾客们却吃糠咽菜，身穿粗衣。儿子私下对于这些问题感到很奇怪。"田婴从此非常器重田文，让他执掌家务。田文礼贤下士，田家宾客盈门，田文的名声也流传出去，各国国君都希望田婴能够立田文为世子。

当时正值战国中期，人才流动极其频繁，各国贵族为了维护其统治地位，都极力笼络人才，收为己用，以扩大自己的影响，而各类有一技之长的士人，也想依靠权贵求得出人头地，养士之风因此盛行。

田婴去世后，田文继承了爵位，封号孟尝君。孟尝君在薛邑大肆招揽门客，达到几千人，生活待遇都跟自己一样。

有一次，孟尝君招待宾客吃饭，有人无意间遮住了孟尝君前面的灯。一位宾客误以为孟尝君吃得比自己好，才要遮灯，当即起身离席，孟尝君端着自己的饭食给他看，结果一模一样，这位宾客顿时羞愧不已，当场自刎谢罪。

有一年，齐王派孟尝君来到秦国。秦昭王早就仰慕孟尝君的名声，马上任命他为丞相。秦国大臣纷纷劝说，孟尝君是齐国王室，如果担任秦国宰相，必定先为齐国考虑，如此秦国就危险了！秦昭王猛然醒悟，立刻把孟尝君囚禁起来，准备杀掉他。

孟尝君心急如焚，派人向秦昭王的宠姬求救，宠姬指明要孟尝君的那件白色狐皮裘作为酬谢。但狐皮裘天下没有第二件，已经献给了秦昭王。

就在无计可施之时，一位擅长模仿狗叫的门客伪装成狗混进王宫，成功盗出了狐皮裘，献给秦王宠姬，后经过宠姬婉言相求，秦昭王释放了孟尝君。

孟尝君害怕秦昭王反悔，立即逃离秦国，半夜时分到达函谷关（今河南省三门峡市境内），还没有到开关时间。孟尝君担心有追兵，心急如焚，关键时刻，一位擅长鸡叫的门客模仿公鸡打鸣，附近的鸡都跟着一起叫，函谷关守卫以为天亮，打开了关门，孟尝君连忙出关，逃离秦国。

齐王听说孟尝君回国，任命他为齐国国相。孟尝君执政多年，权势日盛，名声更加显赫。

有一天，一位叫冯谖（xuān）的老人穿着草鞋前来投奔，孟尝君问他有什么特长，冯谖说："我没有任何特长，就是家里穷，来混口饭吃。"孟尝君把他安排在下等食客的队伍中。

十天后，仆人前来报告，说冯谖嫌弃伙食不好，准备回家。孟尝君便提高了冯谖的伙食，几天后，仆人又来报告，说冯谖嫌弃出门没有车马，准备回家。孟尝君便给冯谖配备了车马，几天后仆人来报告，说冯谖嫌弃没有钱养家，

▲ 冯谖求见孟尝君

孟尝君便不高兴了。

转瞬间,冯谖已经待了一年,除了吃喝,不曾说过一句话。孟尝君府上食客日益增多,有些入不敷出,便派冯谖前往薛邑收账。

冯谖来到薛邑,召集欠债者喝酒吃肉,对账完毕,将能还债的期限延后,不能还债的,将债券全部当众销毁,说:"孟尝君放债,是为了帮助大家,不是为了收利息。"薛邑百姓非常感激孟尝君的恩德。

冯谖返回,向孟尝君报告了此事,孟尝君大吃一惊,冯谖说:"那些没有能力还债的人,如果逼急了,便会逃亡。到时候，薛公你不但收不到钱，还会背负骂名。我烧掉这些没有实用的债券，却买到了民心，换取了好名声。"孟尝君这才转怒为喜。

不久，齐王对孟尝君心怀猜忌，免除了他的国相之职，门客们纷纷离开，只有冯谖陪着他回到薛邑。薛邑百姓夹道欢迎孟尝君，孟尝君终于知道了冯谖的良苦用心。

这时冯谖说："狡猾的兔子有三个巢穴用以保命，如今薛公只有薛邑这一个，我再继续寻找，让你在齐国更加显贵。"

孟尝君拨给冯谖车马财物，冯谖往西来到秦国游说，建议秦王迎接孟尝君到秦国担任国相，秦王听得入神，连声说好，派遣十辆马车，载着百镒（yì）黄金前往齐国。

冯谖又抢先赶回齐国拜见齐王，说秦国已经私下派了车马财帛来迎接孟尝君，孟尝君熟悉齐国国情，如果担任秦国国相，齐国就危险了。齐王觉得有道理，马上请孟尝君继续担任国相。

后来，孟尝君去世，他的几个儿子争夺爵位，魏国和齐国乘机占领薛邑。

战国四公子中，孟尝君以养士知名，他不问出身和才能，凡有一技之长者都招揽入府，被后世很多贵族效仿。

司马迁专门到薛邑考察，见当地很多人有任侠之气，请教老人,才知道是孟尝君的遗风,于是评价他养士自重,不过是为了巩固自己的地位,得到后世的公认。

经典原文与译文

【原文】孟尝君太息叹曰:"文常好客,遇客无所敢失,食客三千有余人,先生所知也。客见文一日废,皆背文而去,莫顾文者。今赖先生得复其位,客亦有何面目复见文乎?如复见文者,必唾其面而大辱之。"——摘自《史记》卷七十五《孟尝君列传》

【译文】孟尝君深深地感叹说:"我田文一直喜欢养士,接待宾客从不敢有任何失礼,食客有三千多人,这是先生你知道的。宾客看到我一旦被罢相,都离我而去,没有一个人陪伴我。如今靠着先生的帮助得以恢复相位,那些离去的宾客还有什么脸面再回来见我呢?如果有再见我的,我一定往他们脸上吐口水来羞辱他们。"

词语积累

鸡鸣狗盗： 鸣，打鸣；盗，盗窃。学鸡叫用来骗人，装成狗的样子偷盗。比喻微不足道的技能或行为，也指有这一类技能和行为的人。

焚券市义： 券，债券；市，收买；义，民心。焚烧债券来收买民心。比喻收买人心的举动。

狡兔三窟（kū）： 狡，狡猾；窟，洞穴。狡猾的兔子都有三个洞穴用来保命。比喻藏身的地方很多。

二十四史马上读,语文历史都进步

平原君虞卿列传

> 《平原君虞卿列传》记载赵国的平原君赵胜、上卿虞卿的事迹。两人基本生活在同一时期,长平之战中赵国惨败,危急存亡之际,两人以各自不同的方式挽救了赵国。因此,司马迁将两人合为一传。

● 乱世公子平原君

赵胜(?—公元前251年),战国时期赵国人。赵武灵王的儿子,长期担任国相,战国四公子之一。

赵胜在赵武灵王的儿子中最为贤德多才,在哥哥赵惠文王在位时就担任国相,被封在东武城(今河北省清河县),封号平原君。平原君曾经三次卸任国相,又三次复位。士人都钦佩他的谦逊,纷纷慕名前往投奔,平原君来者不拒,门客多达数千人。

赵孝成王即位，作为叔叔的平原君继续担任国相，因为他力主接受韩国上党郡的归顺，直接引发秦赵长平之战。赵孝成王中了秦国的反间计，临阵换将，四十余万赵军全军覆没，国内空虚。

长平之战后的第二年，秦军围困了赵国国都邯郸，危急存亡之际，赵孝成王派平原君前往楚国求援。平原君准备带领二十名文武双全的门客前往，结果只挑出了十九人。这时，平时毫不起眼的门客毛遂主动请求前往，平原君认为他没有专长，婉拒了他。毛遂说："你之所以没有发现我的长处，是因为我善于隐藏锋芒。"平原君只好同意。

来到楚国后，平原君和楚王谈论订立盟约，从早上谈到中午，都没有决定。堂下的毛遂手握剑柄登堂而上，对平原君说："这个盟约两句话就能讲清楚，为什么到中午了还定不下来？"楚王听说他是平原君的门客，厉声呵斥他退下。

毛遂紧握宝剑，上前几步说："大王敢斥责我，只不过依仗楚国人多势众。现在我距离大王不过十步，大王的生命都悬于我手，人再多又有何用？楚国疆土广阔，士卒百万，这原本是称霸的资本，却被白起这个竖子一战而丢失都城，二战而烧掉了夷陵，三战连祖先陵墓都被烧毁。这是楚国的奇耻大辱，连赵王都觉得羞愧，大王不觉得羞愧吗？今天这个合纵盟约，正是为了帮楚国复仇啊！"

▲ 毛遂向平原君自荐

楚王被一顿数说，深感羞愧，马上改变态度，当场歃（shà）血为盟，出兵救援赵国。平原君感慨地说："我善于识人，以为不会错识天下俊才，没想到把毛先生给错漏了。毛先生的一张嘴，能抵百万大军啊！"从此把他尊为上宾。

虽然楚国和魏国都派了援军，但是远水难救近火，秦军日夜进攻，形势依然危急。这时，有一个叫李同的人对平原君说："公子不担忧赵国灭亡吗？"平原君回答："赵国灭亡，我也要成为俘虏，怎么会不忧虑？"李同说："邯郸百姓易子而食，公子的姬妾却依然锦衣美食；士兵们兵器用尽，用木头当武器，公子的铜钟玉器却毫发无损。请问城破之后，这些都能保住吗？公子如果真的担忧赵国存亡，就下令让夫人以下姬妾编入行伍，负责守城，把家中财产都拿出来供养士卒，才能上下一心、保卫赵国啊！"平原君立即照办，邯郸军民士气大振，很快就募集了三千名敢死之士，李同带领他们发起决死突击，击退秦军三十里，为援军的到来赢得了时间，赵国终于转危为安。

战后，上卿虞卿为平原君向赵孝成王请功，请求增加他的封地，平原君采纳门客公孙龙的建议，拒绝了这件事。公元前251年，平原君去世，他的后代继承了爵位，在赵国灭亡时与国同亡。

战国四公子中，平原君也以善于养士闻名，在赵国危难之时能挺身而出。但他建议赵国接受上党郡，直接引发了长平之战，在赵国面临重大危机时，没有丝毫挽救国运的办法，也暴露了他的目光短浅。

坚持抗秦的赵国上卿

虞卿（生卒年不详），名信，卿是官职，舜帝的后代。战国时期赵国人，纵横家和游说之士。

战国中期，自从张仪、苏秦以连横合纵之术游说各国后，出现了一批游说之士，虞信就是其中之一。

虞信穿着草鞋、背着雨伞来到赵国，游说赵孝成王。第一次见面，赵孝成王就被他的远见博学所吸引，赐给他黄金百镒（yì），白璧一对；第二次见面，赵孝成王拜他为上卿，尊称他为虞卿。

长平之战开始后，赵国初战不利，赵孝成王召集大臣商议对策，大臣楼昌建议直接向秦国求和。虞卿说："秦强赵弱，和谈的主动权掌握在秦国手里。我们现在求和，秦国肯定漫天要价。不如拿出重宝，派人出使楚、魏两国，秦国必然怀疑各国合纵抗秦，再议和就容易得多。"赵孝成王不听，直接派人前往秦国议和，秦国马上高调向各国宣扬此事，各国果然不肯帮助赵国，赵国最终遭到惨败。所有结局均与虞卿当初预计的一样。

秦军解除对邯郸的包围之后，赵国暂时解除了危机。已经吓破胆的赵孝成王派出使臣，准备割地向秦国求和。虞卿马上反对，他说："秦国打都打不下来的土地，赵国却割让给他，等于帮助了秦国！"又说："秦国贪得无厌，今天割让六座城池，谁能保证明年秦国不来进攻呢？万一秦国明年攻来，大王还准备割让多少土地？以赵国有限的土地，满足秦国无限的贪欲，赵国很快就会灭亡！"

赵孝成王犹豫不决，这时，亲近秦国的大臣楼缓从秦国回来，力劝赵孝成王割让城池以换取和平。虞卿马上入宫面见赵孝成王，说："与其割让给秦国，不如送给齐国，联合齐国共同对付秦国。"赵孝成王同意，派虞卿出使齐国。

秦国果然害怕，立刻派使臣前往赵国和谈。楼缓听说此事，马上逃离赵国。赵孝成王特地奖励虞卿一座城池作为封邑。在虞卿的谋划下，赵国又与魏国签订盟约，基本扭转了长平战败后的不利局面。

后来，因为魏国国相魏齐被秦国追杀，逃到赵国，虞卿主动放弃赵国国相之位，陪同魏齐逃亡，又来到魏国。魏齐最终被逼自杀，虞卿也滞留魏国国都大梁（今河南省开封市），专心著书，写下《虞氏春秋》流传于世。

经典原文与译文

【原文】平原君已定从而归，归至于赵，曰："胜不敢复相士。胜相士多者千人，寡者百数，自以为不失天下之士，今乃于毛先生而失之也。毛先生一至楚，而使赵重于九鼎大吕。毛先生以三寸之舌，强于百万之师。"——摘自《史记》卷七十六《平原君虞卿列传》

【译文】平原君跟楚国签订盟约后返回,回到赵国,说:"我赵胜不敢再鉴别人才了。我鉴别人才多则千人,少则数百,自以为从没有看走眼,今天却看错了毛先生。毛先生一到楚国,就使赵国重如九鼎大吕。毛先生的三寸之舌,强过百万之师!"

利令智昏:利,利益;智,智慧。巨大的利益让人丧失了智慧。比喻因贪图私利而失去理智,把一切都遗忘了。

因人成事:因,依靠。依靠别人的力量来成就自己的事业。比喻一个人没有什么能力,只能依靠别人。

脱颖而出:颖,物体末端的尖锐部分。锥尖穿过袋子显露出来。比喻有才华的人得到机会,显现出全部本领。

魏公子列传

> 魏无忌（？—公元前243年），战国末期魏国大梁人。我国古代政治家、军事家，战国四公子之一。

急人之困信陵君

魏无忌是魏昭王的儿子，魏昭王去世后，魏无忌的哥哥魏圉（yǔ）即位，史称魏安釐（xī）王，魏无忌被封为信陵君。

信陵君礼贤下士，信守承诺，各国士人纷纷前来投靠，他都一一接纳，逐渐聚集了三千名门客，影响力与日俱增，各国不敢轻易侵犯魏国。魏安釐王对信陵君十分猜忌，不让他处理政事。

大梁有个七十岁的隐士叫侯嬴，负责看守城门，信陵君听说他的贤名，带上厚礼亲自拜访。侯嬴婉拒，信陵君就在府中大摆筵席，广邀宾客，亲自驾车前往邀请侯嬴。侯嬴身穿破衣服，径直坐上贵宾位，毫不谦让，偷偷观察信陵君，只见他手握缰绳，神情恭敬。侯嬴说："麻烦公子先送我到屠宰场，我去见一位朋友朱亥。"信陵君恭敬地驾车，穿过热闹的街市来到屠宰场。侯嬴下车，一边和朱亥交谈，一边观察信陵君。信陵君和颜悦色地等了很久，侯嬴见信陵君名不虚传，的确礼贤下士，

▼ 信陵君拜访侯嬴

参加完宴席之后，便把朱亥引荐给他。

公元前257年，秦军围困赵国都城邯郸，因为平原君赵胜的妻子是信陵君的姐姐，于是平原君派使者向魏国求救。魏安釐王害怕秦国，命令大将晋鄙领军抵达边境，按兵不动。平原君频频派人催促信陵君，信陵君认为两国唇亡齿寒，赵国被灭，魏国必定不能独存，主张救援赵国，但魏安釐王始终不准。信陵君无奈，召集门客准备单独前往赵国，出城时和侯嬴告别，侯嬴淡淡地说："我年纪大了，不能陪同公子前往。"

信陵君对侯嬴的态度感到奇怪，走了之后又返回追问原由。侯嬴这才献计说："公子只身赴险，好比以肉饲虎。我听说魏王的宠妃如姬能够进出放兵符的卧室，公子曾帮助如姬报了杀父之仇，如果请她盗取兵符，就能统率魏军救援赵国。"

信陵君觉得有理，请求如姬帮忙，如姬果然同意。信陵君拿到兵符，准备启程，侯嬴又提议带上朱亥，准备在晋鄙不肯交出指挥权时，由朱亥刺杀他。信陵君含泪拜别侯嬴，来到魏军大营，晋鄙见了虎符，果然心中狐疑，不肯交权，朱亥在衣袖中藏着四十斤重的铁锤，当场击杀晋鄙，信陵君指挥魏军，火速前往邯郸救援，秦军被迫撤围。侯嬴践行诺言，为了报答信陵君的知遇之恩,面向北方自杀。

邯郸之战后,信陵君害怕魏王降罪,与众门客留居赵国。赵国有两位贤士薛公和毛公,藏身于邯郸的酒肆和赌场。信陵君打听到两人的地址,亲身步行前往结交。平原君听说了这件事,对夫人说:"我原本以为你的弟弟是位大贤士,没想到却自掉身价,跟赌徒和酒鬼结交。"

信陵君听到姐姐的转述,说:"原来平原君与人交往,还要看对方的家世,他这不是求贤,而是显示富贵。这两个人都是赵国的贤才,平原君却把跟他们结交看成是羞辱,不是爱才之人啊。"说完,收拾行李准备离开赵国。平原君听了夫人转述信陵君的话,非常羞愧,连忙上门脱帽谢罪,挽留信陵君。平原君门下的宾客听说这件事,纷纷转投信陵君,信陵君门下的贤才更多了,名声从此越发远扬。

信陵君客居赵国十余年,秦国乘机进攻魏国,魏安釐王连忙派遣使者请他回国。信陵君害怕回国后被清算,下令说:"有敢为魏国使臣传达消息的,处死!"毛公和薛公求见信陵君说:"公子之所以名扬诸侯,受到尊敬,是因为背靠魏国这棵大树。假如魏国灭亡,祖先宗庙被毁,公子还有面目苟活吗?"

话没说完,信陵君神情大变,立即回国,魏王让他统领全国的军队。信陵君马上向各国求援,各国得知是信陵君领兵，纷纷派兵救魏，信陵君带领各国援军击败秦军，一直打到函谷关，这之后多年秦军都不敢出关。信陵君威名震动天下。

秦王忌惮信陵君，派人离间他与魏安釐王的关系。信陵君被免职，心灰意冷，以生病为由不再上朝，为了不让自己亲眼见到魏国灭亡，他每天以酒色自迷，四年之后去世。秦国听说信陵君已死，大举进攻魏国，十八年后，灭亡了魏国。

信陵君性格仁厚，一诺千金，锐意赴难。较之其他三位公子养士自重，信陵君始终以国家利益为重，不计个人荣辱，不惜自己的生命，加之他悲壮的结局，深受后人敬仰与同情。他的名声也广为流传，千百年来成为文人骚客崇拜和歌颂的对象。

经典原文与译文

【原文】公子与魏王博，而北境传举烽，言："赵寇至，且入界。"魏王释博，欲召大臣谋。公子止王曰："赵王田猎耳，非为寇也。"复博如故。王恐，心不在博。——摘自《史记》卷七十七《魏公子列传》

二十四史马上读,语文历史都进步

【译文】魏公子无忌和魏安釐王下棋,而北部边境传来战报,说:"赵国入侵,即将进入国境。"魏安釐王放下棋子,想要召集大臣商议对策。魏无忌劝阻他说:"是赵王打猎罢了,不是进犯边境。"又像之前一样下棋。魏安釐王惊恐,心思已不在下棋上。

词语积累

急人之困:急,着急。看到别人有困难,自己内心着急,主动帮助别人。比喻乐于帮助他人。

虚左以待:虚,空着;左,左边的座位,战国时以左为尊。留出左边的位置等候他人落座。比喻用尊贵的礼节来表达对客人的尊重。

窃符救赵:窃,偷偷;符,兵符,调动军队的凭证。偷出兵符调动军队去救援赵国。比喻用非常手段做事。

春申君列传

> 黄歇（公元前314—公元前238年），战国晚期楚国国相，战国四公子之一。

楚国权相春申君

黄歇年轻时热爱学习，四处拜师，苦练口才，成年后以能言善辩、见识广博著称，得到楚顷襄王的赏识。

当时，秦国连年进攻楚国，占领了大片土地，楚顷襄王急于求和，派遣黄歇前往秦国游说。黄歇来到秦国，恰逢秦昭王联合韩、魏两国，准备继续进攻楚国。

黄歇上书秦昭王说："秦、楚都是大国，两国相争必有损伤，让其他诸侯国从中得利，不如结为盟友，共同对付其他国家。"秦昭王表示同意，撤回了秦军，楚顷襄王便让太子熊完与黄歇一起到秦国做人质。

黄歇陪同熊完在秦国做了十年人质，和秦国国相范雎

（jū）关系十分要好。不久，楚顷襄王病重，但秦昭王不同意熊完回国。

黄歇游说范雎说："太子不回国，就是一介布衣。如今楚王病重，如果让他回国接替王位，他到时候必定感激秦国！"

范雎将他的话转达给秦昭王，秦昭王退让一步，同意先让熊完的老师回国，探望楚王的病情，再作打算。黄歇建议熊完乔装成车夫回国，自己留下来策应。黄歇留在居所，闭门不出，声称太子生病不能见客。计算时间太子已经走远，才向秦昭王说明实情。

秦昭王大怒，逼迫黄歇自尽谢罪。范雎规劝秦昭王说，熊完回国必然成为楚王，黄歇势必会受到重用，不如放他回去，表示秦国的善意，黄歇才得以回国。不久，熊完登基，是为楚考烈王，登基伊始，任命黄歇为国相，封为春申君。

春申君有了封地后，财力充沛，开始招揽宾客，很快聚集了三千多名门客。春申君喜好奢华，门客们也竞相逞强。

有一次，平原君赵胜派门客出使楚国，这个门客为了显耀赵国富有，特地用玳瑁簪（zān）子插在头发上，亮出用珠玉装饰的剑鞘。春申君让自己的上等宾客穿着宝珠做

▲ 春申君的门客比富

的鞋子招待赵国使者，一下子把他们比了下去。

楚国一直有公卿世家担任国相的传统，而春申君只是布衣出身，为了树立威望，他便对外积极用兵。长平之战后，他带领楚军北上，救援赵国，而后又灭掉了鲁国。这些战绩让他威望大增，同时也牢牢地把持了楚国的军政大权。

楚考烈王即位以来，一直没有子嗣，春申君感到忧虑，担心他去世后自己的权位不保。这时，赵国人李园带着自己漂亮的妹妹来到楚国，准备进献给楚王，又担心妹妹贸然进宫，不见得能够得宠。

于是,李园先做了春申君的侍卫,借故请假回家,又故意迟到。春申君问他迟到的原因,李园说:"齐王要娶我的妹妹,我跟齐国使者饮酒,耽误了时间。"春申君听了这话,想见他的妹妹。见面之后,被她的美貌迷惑,李园趁机把妹妹送给春申君做侍妾。

不久,李园的妹妹有了身孕。李园便指使妹妹对春申君说:"楚王宠信你,让你执掌大权二十多年。但是他没有子嗣,将来他的兄弟恐怕会成为楚王,你就要失宠了。我刚刚怀有身孕,没有人知道。不如把我送入宫中,凭借你的力量不难使我得宠,到时候万一生下男丁,立为太子,你就可以继续执掌大权!"春申君认为这个主意不错,经过谋划把李园的妹妹送入宫中,并让楚考烈王注意到她。

楚考烈王很快宠幸了李园的妹妹,顺利生下一个儿子,李园的妹妹母凭子贵,成为王后,李园也得到重用,开始参与朝政。李园担心春申君会泄露自己的谋划,暗中豢(huàn)养刺客,准备除掉他。

不久,楚考烈王病重,李园抓紧谋划。这时,春申君的门客朱英看出蹊跷,提醒道:"祸福相依随行,李园心怀不轨,要多加提防啊!"表示自己可以提前动手,除掉李园。

春申君认为李园性格软弱,不会威胁到自己,没有同意。楚考烈王去世后,李园抢先入宫,埋伏下刺客,等待春申君入宫,刺杀了他。

据记载,春申君的封地,就是今天的上海市一带,春申君因此成为最早开发上海地区的人,被誉为"开申之祖",上海也因此简称"申"。

经典原文与译文

【原文】黄歇为楚太子计曰:"秦之留太子也,欲以求利也。今太子力未能有以利秦也,歇忧之甚。而阳文君子二人在中,王若卒大命,太子不在,阳文君子必立为后,太子不得奉宗庙矣。不如亡秦,与使者俱出;臣请止,以死当之。"——摘自《史记》卷七十八《春申君列传》

【译文】黄歇为楚国太子出计谋说:"秦国扣留太子的目的,是想要借此索取好处。现在太子没有能力使秦国得到好处,我非常忧虑此事。而阳文君的两个儿子在楚国,楚王如果不幸辞世,太子不在楚国,阳文君的儿子必定会被立为楚王,太子就不能当楚王了。不如逃离秦国,与使者一起走；臣请求留下来，以死承担责任。"

无妄之灾：无妄，意料之外。遭受意外的灾祸。比喻突如其来，让人猝不及防的灾祸。

当断不断，反受其乱：断，决断。应该做出决定时犹豫不决，反而受到灾祸的牵连。

三千珠履：珠履，鞋上以珠宝为装饰。三千名门客都穿着珠宝装饰的鞋子。比喻贵客众多并且豪华奢侈。

廉颇蔺相如列传

> 战国时期,名将辈出,而以秦国、赵国为胜,战国四大名将,两国各居其二。《廉颇蔺相如列传》记载赵国名臣蔺(lìn)相如及名将廉颇、赵奢、李牧等人的事迹。本书选取廉颇、蔺相如为代表。

● 将相和

廉颇(生卒年不详),嬴姓,廉氏,名颇,字洪野,战国末期赵国中山郡苦陉(xíng)县(今河北省定州市)人。我国古代军事家,战国四大名将之一。

公元前283年,廉颇率领赵军攻打齐国,大胜而还,被赵惠文王封为上卿。

蔺相如也是赵国著名的政治家、外交家。起初在赵惠文王的宦官缪(miào)贤家中做门客,因为才华出众得到缪贤的器重。

有一年,赵惠文王得到了天下重宝和氏璧,秦昭王听说后,提出用十五座城池换取和氏璧。当时秦强赵弱,赵国不给和氏璧,怕得罪秦国,给和氏璧,又怕收不到城池,一时找不到合适的人选出使秦国,缪贤便推荐了蔺相如。

赵惠文王马上召见蔺相如,经过交谈,赵惠文王认可蔺相如,让他出使秦国,蔺相如承诺赵王完璧归赵。

蔺相如带着和氏璧来到秦国,秦昭王召见他。蔺相如见秦昭王只顾与群臣传看和氏璧,绝口不提交割城池的事情,知道他没有这个意思,走上前说:"和氏璧有瑕疵,让臣指给大王看。"

秦昭王把和氏璧给他,蔺相如手捧和氏璧,身靠柱子,义正词严地说:"臣看大王只顾赏玉,没有交割城池的诚意,如果这样,臣的脑袋就和和氏璧一起在柱子上撞碎!"

秦昭王怕他真把和氏璧撞碎,赶紧召来官员,指明交割某某城池。蔺相如说:"赵王送和氏璧前,特意斋戒了五天,请大王也斋戒五天,臣才敢献上和氏璧。"秦昭王答应下来,蔺相如争取到五天时间,让手下带着和氏璧偷偷返回赵国。

五天后,秦昭王接见蔺相如。蔺相如说:"秦国的传统就是不守诚信,臣害怕被大王欺骗,所以派人将和氏璧送回了赵国。大王如果的确想要和氏璧,请先交割城池,

▲ 蔺相如完璧归赵

再派一位使者前往赵国,自然会得到和氏璧!"

秦昭王和众臣面面相觑,有人建议杀掉蔺相如,秦昭王拒绝,宴请蔺相如后,让他回国了。

赵惠文王大喜,封蔺相如为上大夫。几年后,秦昭王邀请赵惠文王在渑(miǎn)池(今河南省三门峡市)会盟,蔺相如跟随赵惠文王前往。

秦昭王饮酒到半酣,借着酒兴要求赵王弹瑟,赵惠文王不敢拒绝,起身弹瑟。一旁的秦国史官马上记载:某年某月某日,赵王为秦王弹瑟。

蔺相如上前说:"赵王听说秦王擅长击缶(fǒu),臣奉上盆缶,请大王演奏。"秦昭王大怒,不同意。蔺相如手捧盆缶向前,再次请秦昭王演奏,秦昭王还是不肯,蔺相如说:"臣距离大王只有五步,臣将把自己的颈血溅到大王身上!"说完,怒目圆睁,断然大喝,秦王身边的侍从吓得倒退数步。

秦昭王无奈,只好击缶,蔺相如招呼身后的赵国史官记载:某年某月某日,秦王为赵王击缶。秦国大臣见秦王受辱,出来刁难赵王,蔺相如一一化解,成功地维护了赵国的尊严。

会盟结束后,赵惠文王封蔺相如为上卿,位列廉颇之上。廉颇非常气愤,说:"我是赵国的大将军,战功很大,蔺相如只不过动动嘴皮子,就位列在我上面。如果见到他,一定要狠狠地羞辱他!"

廉颇的话传到蔺相如的耳朵里,蔺相如便借故不上朝,外出遇见廉颇的车驾,调转车头回避。

蔺相如的门客很气愤,劝说他不用如此害怕廉颇。蔺相如说:"廉颇和秦王相比较,谁更厉害?"门客们异口同声地回答:"当然是秦王厉害。"蔺相如说:"我出使秦国,连秦王都敢责骂,又怎么会害怕廉颇呢?我之所以忍让,是考虑到秦国不敢对赵国用兵,就是因为赵国有我和廉颇在,我们如果相互争斗,必然会有损伤,对赵国就不利了!"

廉颇听到这些话,大受感动,袒露上身,背着荆条,来到蔺相如家里请罪,说:"我是个在战场厮杀的莽夫,没有考虑周全,没有想到您如此大度!"蔺相如连忙扶起他,两人结为生死之交。

公元前266年,赵孝成王登基,廉颇和蔺相如继续尽心辅佐新君。不久,秦、赵两国发生长平之战,廉颇担任赵军主帅。

面对士气正旺的强大秦军,廉颇采取筑垒固守、疲惫敌军、相机攻敌的作战方针。坚守营垒三年,秦军始终无法突破赵军的防守。

秦国派出间谍来到赵国,散布谣言说:"廉颇老了,只敢防守。秦军真正害怕的是马服君赵奢的儿子赵括。"赵孝成王听信谣言,决定用赵括替代廉颇为帅。

重病的蔺相如坚决反对,说:"这是秦国的诡计。大王只是听闻赵括的名声,却不知道他的实际本领。赵括只知道死读他父亲的兵书,不懂灵活应变。"赵孝成王坚持任用赵括,结果导致惨败,赵国差点被灭国。蔺相如忧愤而死。

几年后,廉颇率领为数不多的赵军,击败趁火打劫的燕军，被封为信平君，担任假相。赵悼襄王登基，听信谗言，剥夺了廉颇的军权。廉颇愤怒之下，发兵赶走了接任军权的人，逃亡到魏国。魏王收留他，但并不重用。

后来，秦国屡次攻打赵国，赵悼襄王想请回廉颇继续领兵，派使者前往魏国慰问。奸臣郭开害怕廉颇回来之后对自己不利，暗中贿赂使者，让他说廉颇的坏话。

廉颇也想为赵国效力，见到使者后，当面吃了一斗米，十斤肉，披甲上马，表示自己还有用。使者回报赵王，说廉颇老弱不堪，已经无法领兵，赵悼襄王放弃了请回廉颇的想法。

后来，廉颇被楚国请去担任大将，没有建立什么功劳。他说："我只想报效赵国。"最后老死在楚国。

经典原文与译文

【原文】廉颇曰："我为赵将，有攻城野战之大功，而蔺相如徒以口舌为劳，而位居我上，且相如素贱人，吾羞，不忍为之下。"宣言曰："我见相如，必辱之。"相如闻，不肯与会。——摘自《史记》卷八十一《廉颇蔺相如列传》

史记（下）·廉颇蔺相如列传

【译文】廉颇说："我是赵国的大将，有攻打城池、野外作战的大功，而蔺相如只是以口舌之利的功劳，反而官职在我上面，况且蔺相如一直地位低下，我感到羞愧，不甘心屈居在他之下。"对外宣称说："如果我见到蔺相如，一定要羞辱他。"蔺相如听说后，不肯和廉颇照面。

词语积累

完璧归赵：完，完好无损；璧，和氏璧。把和氏璧完好无损地带回赵国。比喻将物品原封不动地归还给主人。

负荆请罪：负，背负；荆，荆条，一种刑杖。背负着荆条上门请罪。比喻诚心为自己犯过的错误道歉。

纸上谈兵：谈，谈论。在地图上谈论用兵之道。比喻人只有书本知识，没有实际经验。

屈原贾生列传

> 《屈原贾生列传》是战国屈原、西汉贾谊的传记。两人虽然所处时代不同,但遭遇相同,都是忠而被谤,郁郁不得志,又都是古代著名的辞赋家,因此司马迁将两人合为一传。本书选取屈原为代表。

● 上下求索的三闾大夫

屈原(约公元前340—公元前278年),芈(mǐ)姓,屈氏,名平,字原,战国时期楚国秭(zǐ)归县(今湖北省秭归县)人。我国古代第一位伟大的爱国诗人、政治家、浪漫主义文学的奠基人和开创者。

屈原的先祖是楚武王熊通,家族一直世袭楚国高官。屈原在年少时便接受了很好的教育,志向高远,嗜书成癖。

当时正是战国末年,楚国国力日益衰落,秦国成为当时实力最强的国家,屡次出兵攻打楚国,屈原目睹了这一切，开始思索救国的道路。

屈原因为贵族的身份，被楚怀王任命为左徒，对内参与裁决国事，发布号令，对外接待使节，应对诸侯，深得怀王信任。

楚国一直是南方的强国，屈原目睹秦国的改革取得成功，一方面意识到对方会成为大敌，另一方面意识到要大刀阔斧地迅速实行变法。因此，他对内推举贤能，奖励耕战；对外主张合纵，联齐抗秦。

变法卓有成效，楚国国力开始恢复。但是，改革遭到守旧贵族的反扑，上官大夫进谗言说："大王派屈原制定法令，我们都知道是大王的意思。但每一项法令发布后，屈原都会自夸说'这是我的功劳，别人都不行！'"

楚怀王开始疏远屈原，免去他的左徒之职，改任三闾（lǘ）大夫，让他掌管祭祀宗庙。

公元前313年，楚怀王在秦国丞相张仪的蛊惑下，不听屈原的谏言，轻易退出合纵联盟，和齐国断交。秦国马上和齐国结盟，共同对付楚国，楚国丢失了大片领土。

第二年，楚怀王感到后悔，又启用屈原，派他出使齐国，恢复两国联盟。随后，秦惠文王又想与楚国结盟，愿意归还楚国的失地，楚怀王提出只要张仪，不要土地。

结果，张仪又想办法顺利离开了楚国。屈原一直主张对秦国强硬,等到出使齐国回来,马上问楚怀王:"为什么不杀了张仪?"楚怀王后悔,但张仪早已走远。

公元前304年,执迷不悟的楚怀王又跟秦昭王签订"黄棘(jí)之盟"。屈原再次苦劝,不能轻信秦国,被楚怀王流放到汉北(今河南省南阳市一带)。

屈原不能忘怀楚国的政治革新,写下《九章·抽思》,表达心中的愤懑(mèn)之情。

公元前299年,秦昭王请楚怀王前往秦国会面。已经返回郢(yǐng)都的屈原劝阻说:"秦国是虎狼之国,不值得信任,大王千万不要前往!"楚怀王听信小儿子子兰的话,执意前往,结果被扣,三年后身死秦国。

楚国人民痛恨秦国背信弃义,拥立太子横为新楚王,子兰担任丞相。屈原十分痛心,指出是楚怀王听信了子兰的话。子兰非常生气,指使上官大夫再次诬告屈原,屈原又被流放。

此后,屈原被放逐到南方(今湖南省境内),从此远离朝堂。在流放中,他始终心系国家,写下了大量优秀的辞赋,抒发爱国情怀。

公元前278年,秦国名将白起攻克郢都,烧毁了楚国先王陵寝,楚顷襄王带领权贵大臣狼狈逃亡。

屈原听说后,陷入极度的绝望,内心悲伤苦闷,披头

▲ 屈原自沉汨罗江

散发在汨（mì）罗江（今湖南省岳阳市境内）边奔走呼号，于五月初五怀抱石头自沉汨罗江中，身殉楚国。

　　屈原去世后，楚国人民被他高洁的品德和执着的爱国热情感动，每年五月初五，都用竹筒装米，划着龙舟来到汨罗江边祭祀他，这就是端午节的由来。

　　随着时间的流逝，屈原精神已成为崇高爱国主义精神的象征，数千年来激励着无数华夏儿女。

　　1953年，世界和平理事会通过决议，确定屈原为当年纪念的世界四大文化名人之一。

屈原也是我国历史上第一位以文学闻名于世的伟大爱国诗人。他开创了楚辞体,被后世誉为"楚辞之祖"。

楚辞开创了我国浪漫主义文学新诗篇,也开创了我国古代诗歌由集体创作到个人独创的新时代。此后,历代的诗歌、小说和戏剧等不同文学体裁,无一不深受它的影响。

屈原的代表作《离骚》和《诗经》的《国风》并称为"风骚",成为我国诗歌创作浪漫主义与现实主义两大优良传统的源头。

经典原文与译文

【原文】怀王使屈原造为宪令,屈平属草稿未定。上官大夫见而欲夺之,屈平不与,因谗之曰:"王使屈平为令,众莫不知,每一令出,平伐其功,曰以为'非我莫能为'也。"王怒而疏屈平。——摘自《史记》卷八十四《屈原列传》

【译文】楚怀王派屈原制定法令,屈原写作草稿还没有定稿。上官大夫见到后想要抢过来看,屈原不给他,他就对楚怀王进谗言说:"大王派屈原制定法令,众人没有不知道的,每一项法令颁布,屈原就功归于己,说:'除了我,没有人能做到。'"楚怀王很生气,从此疏远了屈原。

词语积累

怀瑾(jǐn)握瑜(yú):瑾、瑜,都是美玉。怀里藏着美玉,手中也握着美玉。比喻具备美玉那样纯洁高尚的德行。

独清独醒:独,独自。独自清醒和明白。比喻不与世俗同流合污。

哺糟(bǔ zāo)啜醨(chuò lí):糟,酒糟;醨,薄酒。吃着酒糟,喝着薄酒。比喻屈从于世俗,随波逐流。

吕不韦列传

> 吕不韦（？—公元前235年），姜姓，吕氏，名不韦，战国末期卫国濮（pú）阳（今河南省安阳市）人。我国古代著名的政治家、思想家。

● 精于投机的商人

吕不韦早年在阳翟（zhái）（今河南省禹州市）经商，因为精于算计，往来各地低买高卖，累积起千金家产，成为卫国的大商人。

战国时期，各诸侯国之间经常互派宗室子弟为人质。秦、赵两国同为强国，秦国太子安国君便派最不受宠的儿子嬴异人前往赵国。由于两国时常处于交战状态，嬴异人在赵国的处境非常困难。

这时，吕不韦来到赵国都城邯郸做生意，得知嬴异人的遭遇后，十分高兴，说："嬴异人就是一件奇货，值得

史记(下)·吕不韦列传

我投资啊。"便回家与父亲商量,投资农业、商业和未来的储君,各自能获利多少。吕父回答说:"分别是十倍、百倍和无数倍。"

吕不韦便去拜访嬴异人说:"我能光大公子的门庭。"嬴异人笑着说:"你先光大自己的门庭,再来光大我的门庭也不迟。"吕不韦暗示说:"只有光大了公子的门庭,我的门庭才会光大。"嬴异人听懂了这句话,请他进屋密谈。

▼ 吕不韦游说嬴异人

吕不韦分析说:"秦王已经年老,公子的父亲安国君宠爱华阳夫人,立她为正妻。但华阳夫人膝下无子,如果公子主动认她为母亲,就可以通过她影响安国君,册立公子为太子。"又自告奋勇,表示愿意去秦国游说,办理此事。

嬴异人非常高兴,拜谢吕不韦说:"如果我能回到秦国,被立为太子,愿意和你平分秦国。"吕不韦当即拿出五百金送给嬴异人,让他在赵国结交宾客,改善自身处境,自己则用五百金购买奇珍异宝,前往秦国。

吕不韦来到秦国,先游说华阳夫人的弟弟,通过他见到了华阳夫人。吕不韦说了许多嬴异人的好话,又分析了华阳夫人的处境,借机表明嬴异人愿意奉华阳夫人为母的意愿。

华阳夫人很高兴,积极斡(wò)旋,安国君改变了态度,专门刻下玉符让吕不韦带给嬴异人,作为立嗣的凭证,嬴异人的地位水涨船高。

吕不韦回到邯郸报喜,嬴异人大摆筵席庆祝。席间,嬴异人看中了吕不韦的宠妾赵姬,请求他将此女转赠给自己。

吕不韦虽然生气,但为了自己的计划,只好忍痛答应。一年之后,赵姬生下一个儿子,取名为政,这便是赫赫有名的秦始皇。

就在两人谋划回到秦国时，秦军在长平之战后继续围攻邯郸，赵王一气之下准备杀掉嬴异人，吕不韦用重金贿赂守城官吏，两人才得以逃出赵国。回到秦国后，吕不韦让嬴异人身穿楚国服装拜见华阳夫人，华阳夫人原本是楚国人，对嬴异人的装扮非常高兴，正式认他为子，替他改名为楚。

公元前251年，秦昭王去世，安国君登基三天，便暴病而亡，嬴异人顺利继位，是为秦庄襄王。秦庄襄王任命吕不韦为丞相，封为文信侯，将洛阳城十万户作为他的食邑，吕不韦的投资得到了巨额回报。

三年后，秦庄襄王去世，太子嬴政即位，便是日后的秦始皇，尊吕不韦为"仲父"。吕不韦的权势日盛，秘密和太后赵姬有私情，还向赵姬进献男宠嫪毐（lào ǎi）。秦始皇亲政后，诛杀嫪毐，又逼迫吕不韦自尽。

吕不韦按照商业投资的手段投资政治，成功扶持嬴异人上位，充分体现了他精于算计和唯利是图的商人本性。他的行为促使秦始皇登基，客观上加快了华夏的大一统局面。

吕不韦担任秦国丞相期间，召集天下贤才，这些人将所见所闻记录下来，综合编撰了《吕氏春秋》一书。

《吕氏春秋》分为八览、六论、十二纪，共一百六十篇，二十多万字,兼容并蓄,博采百家,以黄老思想为核心,融各家学说于一炉,体现了战国末期在文化上趋于统一的大势,也保存了当时诸多思想派别,成为后世研究战国诸子思想的重要史料。

《吕氏春秋》成书之后,吕不韦对外宣称,谁能增损或改动书上一字,赏赐一千金,竟然没有一个人能改动。

经典原文与译文

【原文】吕不韦贾邯郸,见而怜之,曰:"此奇货可居。"乃往见子楚,说曰:"吾能大子之门。"子楚笑曰:"且自大君之门,而乃大吾门!"吕不韦曰:"子不知也,吾门待子门而大。"子楚心知所谓,乃引与坐,深语。——摘自《史记》卷八十五《吕不韦列传》

【译文】吕不韦在邯郸做生意,见到子楚后同情他,说:"这个人奇货可居。"于是前去拜见子楚,说:"我能光大公子的门庭。"子楚笑着说:"你先光大自己的门庭,再来光大我的门庭。"吕不韦说:"公子有所不知,我的门庭要等你的门庭光大之后才能光大。"子楚知道吕不韦的意思，便请他一起坐下，深入交谈。

词语积累

奇货可居：奇，稀有的；居，储存。把稀有的货物储存起来，等待高价卖出去。比喻依靠某种特长或独有之物作为资本，等待时机，以捞取名利地位。

色衰爱弛：色，美貌；弛，遗弃。靠美貌得宠的人，一旦姿色衰老就会遭到遗弃。比喻靠青春美貌得宠终究不会长久。

一字千金：金，秦时指的是铜。改动一个字赏赐一千斤铜。比喻文章写得很好，价值千金。

刺客列传

> 刺客是人类最古老的职业之一。我国最早的职业刺客出现在春秋时代，他们往往抱着士为知己者死的信条行刺，带有豪侠气概。残酷的政治斗争催生了刺客的出现，行刺成功与否，往往能左右历史的进程。因此，司马迁特意写作《刺客列传》，记载五位著名刺客的事迹。本书选取专诸、豫让、聂政、荆轲"四大刺客"为代表。

● 鱼腹藏剑的专诸

专诸（？—公元前515年），春秋时期吴国棠邑（今南京市六合区）人。

专诸长得孔武有力，勇猛异常，发怒的时候有万人难挡的气势。这时候，楚国大臣伍子胥（xū）因为被楚王追杀，流亡到吴国。看到专诸后，认为他是一位勇士，主动和他结交。

此时，吴国的国王是姬僚，他的堂兄姬光认为自己应该当吴王，因此对姬僚不满，暗中招揽贤士伺机夺位。

伍子胥和姬光交好，知道他有夺位的野心，就把专诸引荐给姬光。姬光善于笼络人心，他知道专诸孝顺，对专诸的母亲非常尊敬，专诸很感动，决定以死相报。

公元前516年，姬僚派大军讨伐楚国，国内空虚，姬光觉得时机成熟，和专诸商议刺杀姬僚。专诸说："吴王喜欢吃烤鱼，可以将匕首藏在鱼腹，由我呈上，再伺机刺杀。"姬光磕头致谢说："你的身后事由我负责。"

几个月后，姬光请姬僚来府中做客，暗中埋伏甲士，姬僚也带着卫士前来赴宴。酒酣耳热之时，姬光借口脚痛难忍，中途离席来到密室，让专诸把匕首藏到烤鱼的肚子里，进献上去。

专诸来到姬僚面前，佯装分鱼，取出匕首刺杀了姬僚。随后，专诸被姬僚的部下砍死。这时，埋伏的甲士纷纷杀出，将姬僚的部下全部消灭，姬光自立为吴王。

据说，专诸为了刺杀姬僚，在太湖边苦练烤鱼，练就了精湛的烤鱼本领，被后世奉为"厨师之祖"。

▲ 专诸刺杀吴王僚

◎ 士为知己者死的豫让

豫让（生卒年不详），姬姓，毕氏，春秋时期晋国人。

晋国末年，国家政权由范氏、中行氏、智氏、韩氏、魏氏、赵氏六家卿士掌控，为了争夺权力，六家展开了血腥斗争。

起初，豫让先后成为范氏和中行氏的家臣，都得不到重用，后来成为智伯的家臣，受到赏识。

公元前453年，智氏在晋阳（今太原市）之战中被韩、魏、赵三家联合打败，领土被瓜分，智伯的头颅也被赵襄子砍下来做成酒具。

逃亡到深山的豫让听到这个消息，悲痛交加，发誓说："士为知己者死，女为悦己者容。智伯对我有知遇之恩，我必须为他报仇雪恨！"于是决定刺杀赵襄子。

豫让改名换姓，伪装成受过刑的人，混进赵襄子的宫中修厕所，潜伏准备行刺。赵襄子非常精明，察觉情况不对，马上逮捕豫让，豫让直言说："我要为智伯报仇！"赵襄子觉得他是忠义之士，释放了他。

豫让复仇之心不改，为了改变声音外貌，他吞下炭火，使声音变得嘶哑，又将漆涂在身上，使皮肤溃烂，甚至连自己的妻子和朋友都认不出来。

朋友劝他说："以你的才华，投靠赵襄子得到重用，到时候再行刺，不是很容易吗？"豫让回答道："如果那样做，就是心怀叵测，我之所以选择这种做法，就是要成为天下人的榜样！"

豫让埋伏在赵襄子每天必经的桥下，准备刺杀他。赵襄子路过此桥，座马受惊，于是发现了豫让，便责问他说："你不是曾经侍奉过范氏和中行氏吗？智伯把他们都消灭了，你不替他们报仇，反而托身为智伯的家臣，这又算什么？"豫让说："不一样，他们以普通人待我，我以普通人回报他们。智伯以国士待我，我就以国士报答！"

赵襄子沉默不语，下令包围豫让。豫让觉得此生无法报仇了，请求赵襄子脱下外衣，让他刺中衣服，借以表示已经复仇，随后自尽身亡。

豫让的事迹传开，赵国的士人都被他的忠义感动，为他的去世表示悲痛。

● 知恩图报的聂政

聂政（？—公元前397年），战国时期韩国轵（zhǐ）邑（今河南省济源市）人。

聂政少年时以任侠著称，因为杀了坏人，携带母亲和姐姐到齐国避难，以屠宰为生。

这时候，韩国大臣严仲子因为得罪了丞相侠累，逃亡到齐国，到处寻找能够帮他报复侠累的人。有人向他推荐了聂政，严仲子备下精美的酒食，前往聂政家中，恭敬地请聂母享用，又拿出一百镒黄金当贺礼。

聂政认为礼物太重，坚决不收，严仲子将实情相告，聂政说："母亲在世，我不敢答应你啊！"始终没有接受礼物。严仲子再三谦让，尽完宾主之礼后才告辞。

过了很久,聂政的母亲去世,他守孝三年满期,说:"我不过是屠夫,严仲子贵为卿相,却不惜屈身结交,为我的母亲祝寿,这份恩情我铭记于心。如今母亲去世,姐姐出嫁,我毫无牵挂,该为他出力了!"

说完,前往濮阳(今河南省濮阳市)拜访严仲子,问清了仇人的情况。严仲子想再多找几个帮手,聂政说:"万一走漏了消息,就太危险了。"独自出发去了韩国。

侠累正在自己府中,周围甲士环立。聂政只身单剑冲进府中,在台阶上刺死了侠累。周围甲士上前围攻,聂政击杀了几十人,眼见逃生无望,担心连累姐姐,用剑毁掉面容后自尽身亡。

韩王将聂政暴尸于闹市,重金悬赏能辨认他的人,过了很久都没人知道。聂政的姐姐听说此事,猜到是自己的弟弟,不远千里来到韩国,看到果然是聂政的尸首,不禁抚尸痛哭。

围观的韩国人问她:"为什么要冒着生命危险来认尸?"她说:"我的弟弟不惜损毁面容,就是为了保护我,我怎么能因为怕死,就埋没他的名声呢?"最后因为哀伤过度,也死在聂政旁边。

各国士人听说聂政姐弟的事迹,都称赞他们的侠义和烈性。

二十四史马上读，语文历史都进步

图穷匕见的荆轲

荆轲（？—公元前227年），姜姓，庆氏，战国末期卫国人。

荆轲是齐国大夫庆封的后代，迁居卫国后，卫国人叫他庆卿，到燕国后，燕国人叫他荆卿。

荆轲喜欢读书、击剑，性格慷慨侠义，漫游各国，结识了许多豪杰。来到燕国后，和屠夫高渐离、隐士田光结为朋友。他和高渐离两人喝醉之后，高渐离击筑（zhú），荆轲高歌助兴，旁若无人。

此时，秦始皇开启了统一六国的步伐，曾经在秦国做过人质的燕国太子姬丹非常忧虑，与自己的老师鞠武日夜筹谋怎么对付秦国。

不久，秦国一位将领樊於（wū）期逃亡到燕国避难，姬丹不顾鞠武的强烈反对，收留了他。随后，鞠武提议与列国合纵，并联合北方的匈奴，一起对抗秦国，姬丹觉得收效太慢，没有采纳。

鞠武便将田光介绍给姬丹，田光推荐了荆轲，然后自刎，以此向姬丹表明自己绝不泄密，并激将荆轲。

姬丹与荆轲密谈，将自己刺杀秦王的计划和盘托出。荆轲推脱一番后，最终同意一起筹划此事。姬丹大喜，将他奉为上宾，给予十分隆重的礼遇，以求感动荆轲。但是，过了很久，荆轲始终没有行动的意思。

这时，秦国灭亡了韩国、赵国，兵锋直抵燕国的南部边境。姬丹十分恐惧，屡屡催促荆轲抓紧行动。荆轲本意是想等待一位挚友，两人一起行动，现在见姬丹催得如此急迫，只好同意提前行动。

荆轲献计说："没有能打动秦王的东西，就无法靠近他。最近，秦王拿出厚赏，求购樊於期的首级；如果再献上燕国最肥美的督亢（今河北省涿州市境内）之地的地图，秦王一定会高兴地接见我，这样才能得到机会！"姬丹不忍心出卖樊於期，荆轲私底下拜见他，樊於期急于为被秦王杀害的家人报仇，慨然自刎而死。

姬丹提前准备了天下最锋利的匕首，淬上剧毒。又让燕国勇士秦舞阳为副手，跟随荆轲前往。荆轲携带樊於期的首级、督亢的地图出发了，姬丹带着门客送到易水河边，荆轲合着高渐离的筑声，高唱道："风萧萧兮易水寒，壮士一去兮不复还。"唱完，头也不回地走了。

秦始皇听说了消息，非常高兴，马上安排了隆重的礼节接见荆轲。两人来到大殿，秦舞阳忽然害怕，浑身发抖，荆轲笑着说："小地方来的人，没见过世面。看到帝王的威仪，难免害怕。"

▲ 荆轲刺秦

秦始皇让荆轲将秦舞阳捧着的地图呈上来。地图展开到尽头，匕首露了出来，荆轲右手拿起匕首，左手扯住秦始皇的衣袖，向他刺去。

秦始皇大惊，猛然跳起身来，衣袖扯断了，马上拔剑，仓促间拔不出来，只好绕柱而走，荆轲猛追不舍。

事发突然，满殿的臣子都惊呆了，不知如何是好。按秦国的制度，群臣上殿都不准携带任何兵器；就连宫中的侍卫，也只能在殿外守候，来不及传唤。

这时，医官夏无且用携带的药囊投向荆轲，荆轲躲避，群臣趁机提醒秦始皇将剑推到背后,才拔出宝剑,砍断荆轲的左腿。

荆轲用匕首投向秦始皇,没有刺中,靠着柱子大笑说:"我本来想要活捉你,逼你签订归还土地的盟约,这才导致事情没有成功!"说完就被卫士击杀。

荆轲孤身入秦,以一己之力刺杀威震天下的秦始皇,虽然没有成功,但这种气概足以震烁古今,永远被人铭记。

经典原文与译文

【原文】太子及宾客知其事者,皆白衣冠以送之。至易水之上,既祖,取道,高渐离击筑,荆轲和而歌,为变徵(zhǐ)之声,士皆垂泪涕泣。又前而为歌曰:"风萧萧兮易水寒,壮士一去兮不复还!" ——摘自《史记》卷八十六《刺客列传》

【译文】燕国太子姬丹以及知情的门客,都身穿白衣戴白帽为荆轲送行。到达易水的岸边,祭祀路神、饯行以后,上路,高渐离击筑,荆轲和着节拍唱歌,唱出苍凉凄婉的声音,送行的人都流泪哭泣。荆轲上前唱道:"冷风萧萧啊易水冰寒，壮士一去啊不再回来！"

图穷匕见（xiàn）：穷，尽头。地图翻到尽头露出隐藏的匕首。比喻在最后时刻显露真相或本意。

舍生取义：舍，舍弃；义，大义。舍弃生命来追求大义。比喻为了正义事业而舍弃生命。

士为知己者死：知己，了解自己的人。为赏识自己的人甘愿献出生命。比喻为了义气而献身。

李斯列传

> 李斯（？—公元前208年），战国末期楚国上蔡郡（今河南省上蔡县）人。秦朝丞相，我国历史上著名的政治家、文学家和书法家，法家学派代表人物之一。

◎ 晚节不保的一代名相

李斯出生于平民家庭，少年时勤奋好学，立志要干出一番大事业。后来，他在本郡担任书吏，对行政工作很熟悉。他观察到官吏屋舍厕所里的老鼠生存环境恶劣，整天提心吊胆；而粮仓的老鼠舒适安逸，根本不怕人。

李斯感叹地说："在才能相差无几的情况下，人能否出人头地，和所处的环境有关。"

于是，野心勃勃的李斯辞去书吏的工作，拜当时的大学者荀子为师，系统学习其法治思想，掌握了法家治理国家的主张。学有所成之后,李斯决定到当时最有可能统一天下的秦国发展。

在秦国,李斯凭借杰出的能力很快得到丞相吕不韦的器重,担任郎官,得到接近当时还是秦王的秦始皇的机会。

秦始皇亲政之后,李斯力劝他抓住机会攻灭六国,统一天下,建议先吞并弱小的韩国,再逐步消灭他国。李斯的建议得到秦始皇的赏识,秦始皇封他为客卿。

不久,韩国派遣水工郑国到秦国修建郑国渠,以此消耗秦国的国力。但此举很快被识破,引发秦国本土势力对外来客卿的猜忌,秦始皇下达逐客令,准备驱逐六国的所有客卿,李斯也在其中。

李斯趁机进呈《谏逐客书》,指出历代秦王重用外国的人才,才有今天秦国的强大,建议停止逐客。秦始皇采纳了他的建议,提拔他为主管司法的廷尉,参与国事。

后来,秦始皇开启了统一六国的进程,李斯以卓越的政治远见与才能,出谋划策,贡献良多。

天下统一后,秦始皇任命李斯为丞相,位居百官之首。为了巩固军事胜利的成果,李斯支持配合秦始皇,在政治、经济、文化、军事等方面采取一系列举措,稳固国家的统一。

比如废除分封制,实施郡县制,确立中央集权制,使中国成为大一统的国家；着手统一文字，形成新的文字书体——隶书，沿用两千多年，成为我国通用文字的鼻祖；又在法律、货币、度量衡等领域确立全国性规范。这些开创性的举措对后世影响深远，为后来我国长达两千多年的封建社会奠定了基础。

李斯的权位和威望日益高涨。他的府邸每天车水马龙，宾客不断，几个儿子都迎娶了皇室公主，女儿们也都嫁给了皇室贵族。

李斯感叹地说："我的老师荀子说过：'凡事不可过头。'我本是上蔡的一介平民，如今官至极品，荣华富贵到了极点，所谓物极必衰，真不知道以后该如何收场啊！"虽然如此感叹，但李斯对权位越发看重。

公元前210年，秦始皇外出巡游，幼子胡亥、李斯和贴身太监赵高陪同前往。走到沙丘（今河北省广宗县境内），秦始皇病重，遗诏让大儿子扶苏赶回咸阳主持自己的葬礼。

但是遗诏还没有发出，秦始皇就病逝了，赵高扣下遗诏，跟胡亥秘议，准备伪造诏书，杀了扶苏，让胡亥成为太子，但必须得到丞相李斯的首肯。

赵高找到李斯，说："陛下已经病逝，立谁为太子，不过是你我口中一句话的事。"李斯大惊失色，连忙说：

▲ 李斯与赵高合谋

"这是亡国之音,怎么能这么说?"赵高说:"如果扶苏即位,他跟大将军蒙恬更加亲近,你的丞相之位还保得住吗?"李斯觉得有道理,便和胡亥、赵高篡改诏书,逼迫扶苏和蒙恬自杀,拥立胡亥为帝,是为秦二世。

秦二世登基之后,日夜酒宴歌舞,不问政事,无节制地征发百姓修筑阿房(ē páng)宫,爆发了大规模农民起义。李斯屡次上书,请求停建阿房宫,减少徭役,缓和国内矛盾,秦二世忙于饮酒作乐,见到奏疏非常生气。

赵高趁机挑唆,李斯被关进监狱。赵高借机诬陷李斯谋反，使用严刑逼供，李斯被迫认罪。公元前208年，李斯被杀，株连三族。一年后，秦帝国灭亡。

李斯一生的大部分时间都在践行法家思想，被后世视为法家的代表人物；凭借一篇《谏逐客书》，奠定了在文学史上的地位；用小篆体亲笔书写《仓颉（jié）篇》，赢得书法家的名头。

纵观李斯的一生，做出了卓越的贡献，后来却因沉迷于权位，导致身败名裂。

经典原文与译文

【原文】年少时，为郡小吏，见吏舍厕中鼠食不洁，近人犬，数惊恐之。斯入仓，观仓中鼠，食积粟，居大庑（wǔ）之下，不见人犬之忧。于是李斯乃叹曰："人之贤不肖譬如鼠矣，在所自处耳！"——摘自《史记》卷八十七《李斯列传》

【译文】李斯年轻时，在上蔡郡做小吏，看到官吏屋舍厕所里的老鼠吃脏东西，有人和狗过来，不断受到惊吓。李斯来到粮仓，看到粮仓里的老鼠吃粟米，住在大屋子里，看不见它们有惧怕人和狗的担忧。这时候,李斯就感叹说:"一个人贤能或者不贤能,如同老鼠一样,在于自己所处的环境啊!"

词语积累

布衣黔(qián)首:布衣,平民;黔首,秦代对百姓的称呼。指平民百姓。

土壤细流:细流,小河。土壤和小河。比喻很细小的事情。

快意当前:快意,称心如意。贪图当前的舒适快乐。

扁鹊仓公列传

> 我国传统医学的历史源远流长,从上古时期神农氏尝遍百草开始,经过几千年的积累,到西汉时期,已经达到很高的水平。司马迁特意创作《扁鹊仓公列传》,记载扁鹊和淳于意两位名医的故事,旨在宣扬他们的风采。本书选取扁鹊为代表。

● 悬壶济世的扁鹊

扁鹊(生卒年不详),姬姓,秦氏,名越人,春秋时期齐国渤海郡鄚(mò)县(今河北省任丘市)人。我国历史上的名医,被尊称为"医祖"。

秦越人年轻时在一家旅店当主管,有一位叫长桑君的客人经常前来住宿。其他店员都不理睬他,只有秦越人认为他是奇人,对他非常恭敬,长桑君也暗中观察秦越人。

十多年后的一天,长桑君对他说:"我有家传的医方,

二十四史马上读，语文历史都进步

现在年纪大了，想传授给你，你要保密。"秦越人立刻答应，经过刻苦学习，医术越来越精良。

此后，秦越人在齐国、赵国往来行医，由于善于总结学习，对妇科、儿科、外科和内科都有很深的造诣，挽救了许多生命。赵国百姓将他视为吉祥的喜鹊，称呼他为扁鹊，久而久之，世人都以这个名字称呼他。

有一次，扁鹊路过虢（guó）国（今河南省三门峡市一带），碰见虢国太子病逝。扁鹊来到王宫前，询问通晓医术的中庶子说："太子得了什么病，为何国内都在举行祛病除邪的祭祀？"

中庶子介绍了太子的病因，扁鹊觉得太子不是病死了，而是病重休克，问道："太子什么时候病逝的？"中庶子说："鸡鸣时分去世的，现在还没有收殓。"

扁鹊认为太子还有救，赶紧说："我是齐国来的大夫秦越人，能让太子复活。"中庶子不信，扁鹊连说了几个症状，都说中了。

虢国国君听到报告，非常惊讶，亲自到大门迎接。扁鹊让学生取出银针和药物，用针灸和药熨的方法，一下子让太子苏醒了，随后开好汤剂，让他连服二十天，太子的身体完全复原。

这件事情传出去后，天下人都认为扁鹊能起死回生，扁鹊谦逊地说:"我不能使死人复活,太子本来没有死,我只是让他康复罢了。"

扁鹊来到齐国,齐桓公田午热情地招待他。扁鹊发现齐桓公的脸色不对,说:"君王有小病,在皮肤和肌肉之间,要尽快医治。"齐桓公不悦地说:"寡人没有病。"

扁鹊告辞,齐桓公不屑地对左右的人说:"医生都喜欢将没病的人说成有病,好彰显自己的本事。"

▼ 扁鹊见齐桓公

五天后,扁鹊又见到齐桓公,说:"君王的病已经深入血脉,不医治恐怕会深入体内。"齐桓公依然固执己见。

过了五天,扁鹊继续劝说:"君王的病已经深入内脏了,要赶快医治!"齐桓公很不高兴。

五天后,扁鹊又来见齐桓公,只看了一眼,连忙后退跑开。齐桓公派人询问原因。

扁鹊回答:"疾病在皮肉之间,汤药就能治疗;在血脉中,针灸能发挥效力;在肠胃中,药酒也可以治疗。如果疾病深入骨髓,就是神仙也无能为力。现在君王的病已经深入骨髓,所以我赶紧跑开,不再说医治的事!"又过了五天,齐桓公果然病重,派人去请扁鹊,扁鹊已经逃走,齐桓公很快就病死了。

据传说,扁鹊离开齐国后,沿途医治百姓,一路来到秦国的都城咸阳。恰逢秦武王举鼎伤了腰部,秦国太医李醯(xī)用了许多药物,都无济于事。秦武王听说扁鹊到来,连忙派人请他。扁鹊诊断之后,用推拿的方法缓和了腰痛,又用汤药根治了疾病。

秦武王非常高兴,准备让扁鹊担任太医令,李醯妒忌扁鹊,向秦武王进谗言,说他是江湖郎中,并不可靠,秦武王将信将疑。为了斩草除根,李醯派刺客行刺扁鹊,被扁鹊的弟子发现,扁鹊马上逃离秦国。李醯又派刺客跟踪而来，在半路杀害了他。

扁鹊作为春秋时期的名医，对我国古代中医的发展起到了承前启后的作用。他对内科、外科、儿科以及妇科的发展都做出了贡献，总结了中医望、闻、问、切的诊断法。同时，扁鹊十分重视疾病的提前预防，对现代医学有着重要的启迪。

经典原文与译文

【原文】扁鹊乃使弟子子阳厉针砥石，以取外三阳五会。有间，太子苏。乃使子豹为五分之熨（yùn），以八减之齐和煮之，以更熨两胁下。太子起坐。更适阴阳，但服汤二旬而复故。故天下尽以扁鹊为能生死人。——摘自《史记》卷一百〇五《扁鹊仓公列传》

【译文】扁鹊于是让弟子子阳用石头磨银针，分别在太阳穴、少阳穴、阳明穴、百会穴、胸会穴、听会穴、气会穴、臑（nào）会穴下针。不一会儿，太子苏醒。于是让弟子子豹准备好五分热的熨，和着减掉八分剂量的汤药一起煮，用来轮流熨敷太子的两边肋骨。太子能坐起来。

然后调和阴阳，只服用了二十天汤药，太子恢复如初。因此天下人都认为扁鹊能起死回生。

讳疾忌医：讳，忌讳。忌讳自己的病，不愿意看医生。比喻害怕别人的批评，于是掩饰自己的缺点。

妙手回春：妙手，精妙的手艺；回春，让春天重返，比喻起死回生。用精妙的手艺起死回生。比喻能将快死的人救回来。

起死回生：回，救活。把已死或将死的人救活。比喻医术高明或手段高明。

循吏列传

> 循吏，指奉公守法、勤政爱民的好官。司马迁首创《循吏列传》，记载孙叔敖、子产、公仪休、石奢和李离五人的事迹，这一方式被后世史书继承，后世史书大都设有《循吏传》。本书选取孙叔敖、子产为代表。

● 楚国名相孙叔敖

孙叔敖（约公元前630—公元前593年），芈（mǐ）姓，蔿（wěi）氏，名敖，字孙叔，春秋时期楚国期思邑（今河南省固始县）人。楚国国相，我国历史上著名的政治家、水利学家。

孙叔敖是楚厉王的后代，出身于贵族家庭，从小勤奋好学，生活简朴，长大后精通水利知识。

据说孙叔敖有一次出门游玩，遇到一条两头蛇。当时的人认为遇到两头蛇一定会死,于是他杀了这条蛇并埋掉。回家后,哭着跟母亲说了这件事。母亲问他原因,他说:"我不能让其他人再遇到这条蛇,所以杀掉后埋起来了。"

楚国地处南方,江河湖泊众多,极易发生洪涝灾害。据记载,年轻的孙叔敖利用自己学习到的水利知识,组织家乡人民兴修水渠,既能抗洪也能灌溉。这便是我国

▼ 孙叔敖杀死两头蛇

历史上第一个大型渠系灌溉水利工程——期思陂（bēi）灌区。修成之后，孙叔敖的贤名传遍楚国。

国相虞丘听说孙叔敖的贤名，向楚庄王推荐他接替自己。孙叔敖担任国相后，主持兴修了芍陂（què bēi）（今安徽省寿县境内）水利工程，极大地改善了农业生产条件，增强了楚国国力。芍陂水利工程距今两千五百多年，仍然在发挥作用。

楚庄王觉得当时使用的"蚁鼻钱"重量太轻，下令全部改成大币。商人蒙受了很大的损失，市场萧条，百姓生活不便。

主管官吏向孙叔敖汇报，孙叔敖了解了详情后，上朝时劝谏说："市场官员报告，改革币制引起市场混乱，百姓无法谋生，秩序很不稳定。请求大王恢复旧制。"楚庄王同意，几天后市场就恢复了原貌。

楚国人习惯乘坐矮车，但车太矮不方便驾马，楚庄王想将矮车改高，跟孙叔敖商议。孙叔敖说："频频发布政令，百姓会无所适从。如果大王一定想要将矮车改高，臣认为不如让百姓加高门槛。能乘坐马车的人都是上层人物，他们不会因为门槛变高而下车步行，如此一来就会加高车的底座。"楚庄王认为有道理，按照他的话实施。半年后，上行下效，楚国百姓都将马车造高了。

孙叔敖曾经三次担任国相，使得楚国独霸南方，进入全盛期，楚庄王成为春秋霸主之一。

但孙叔敖从不沾沾自喜，始终保持清正廉洁的作风，发展经济，注重民生，成为楚国历史上有名的贤相之一。

公元前593年，孙叔敖积劳成疾去世，百姓纷纷建立祠堂纪念他。司马迁写作《循吏列传》，将孙叔敖列为第一。

宽猛相济的子产

子产（？—公元前522年），姬姓，公孙氏，名侨，字子产，春秋时期郑国人。我国历史上著名的政治家、改革家。

子产是郑穆公的孙子，少年聪慧，性格刚直，成年后因为能力出众，担任卿，参与国事，后来担任国相。

郑国在春秋初期是中原强国，由于公卿擅权，相互攻伐，极大损耗了元气，逐渐衰落。此后，晋、楚两国又在中原地区争霸，郑国地处两国交锋的中心地带，时而亲楚，时而亲晋，处境尤其艰难。

子产执政之初，坚持"从晋和楚"的外交方针。当时，晋国国相范宣子向郑国征收很重的贡品，郑国百姓深受其苦。子产给范宣子写信说："你治理晋国，四邻没有听说过你的德政，反而大量征收财帛，我对此非常疑惑。诸侯的财货聚集在晋国，诸侯们就会离心。如果你依赖这些财货，晋国百姓就会离心。诸侯离心，则晋国的霸业衰弱，百姓离心，则你的事业败亡，为什么还执迷不悟呢？不如用宽恕的心胸来博取美名！"范宣子觉得有道理，减轻了贡礼。

稳定外部后，子产开始改革内政。此前，郑国的政权由七家公室把持，称为"七穆"，国君被架空。子产家族也是"七穆"之一，但他摒除个人好恶，以礼为准绳，调和矛盾，限制特权，使国内局势趋于稳定。

春秋末期，井田制逐渐被破坏，土地不均。子产积极推行井田改革，限制贵族无限占田，将多余的田地分给百姓，扩大了征税的范围。

几年后，子产率先铸刑书，就是将法律条文铸造在象征王权的鼎上，公之于众，人人都能观看。这一举措开创了我国成文法的先河。

经过子产多年的努力，郑国出现了中兴局面。

公元前 522 年，子产病重，临终前叮嘱继任者为政要宽猛相济。郑国百姓听说他去世，悲痛不已。

子产虽然去世了，但他廉洁奉公、团结人民的事迹永传后世，他的朴素唯物主义思想在哲学史上也有诸多启发。

经典原文与译文

【原文】 楚民俗好庳（bì）车，王以为庳车不便马，欲下令使高之。相曰："令数下，民不知所从，不可。王必欲高车，臣请教闾里使高其梱（kǔn）。乘车者皆君子，君子不能数下车。"王许之。居半岁，民悉自高其车。——摘自《史记》卷一百一十九《循吏列传》

【译文】 楚国的民俗是喜欢坐矮车，楚庄王以为矮车不便于驾马，想要下令将矮车改高。国相孙叔敖说："政令屡出，百姓无所适从，这不好。如果大王一定想把车改高，臣请求让百姓加高自家的门槛。乘车人都是有身份的君子，他们不会为过门槛频繁下车，自然会把车的底座造高。"楚庄王听从了他的建议。半年后，楚国民众都自动改成了高车。

史记(下)·循吏列传

 词语积累

拔葵去织：拔，拔掉；去，清除。拔掉家里栽种的冬葵，去掉家里从事的纺织。比喻为官者不与百姓争利。

宾至如归：宾，宾客；归，回家。客人到达后就好像在自己家里。比喻招待客人热情周到。

众怒难犯：犯，触犯。众人的怒火不能触犯。比喻不能做大家不满意的事情。

侨札之好：侨，子产；札，季札。季札出使郑国，与子产一见如故，互赠礼物。比喻朋友之交。

二十四史马上读，语文历史都进步

滑稽列传

> 滑稽，是诙谐幽默的意思。《滑稽列传》记载淳于髡（kūn）、优孟、优旃（zhān）等人的事迹，他们地位低下，但机智聪敏，善于用诙谐幽默的语言规劝君王，从而获得尊敬。司马迁认为他们有着"不流世俗，不争势利"的可贵精神，以及"谈言微中，亦可以解纷"的非凡才能。语言艺术有着很高的思想文化意义，足以与儒家"六艺"相提并论。
>
> 司马迁因为帮李陵辩护，被施以宫刑，成为众人嘲讽的对象，因而与滑稽人士有着相同的人生处境，对他们产生了惺惺相惜之感。本书选取淳于髡、优孟为代表。

● 迂回进谏的淳于髡

淳于髡（约公元前386—公元前310年），战国时期齐国黄县（今山东省龙口市）人。战国时期著名的政治家、思想家。

淳于髡出身于社会底层，其貌不扬，只能当了上门女婿，因此被国人瞧不起。但是他通过努力学习，变得知识渊博，能言善辩，获得齐桓公田午的赏识，被选入稷下学宫做学者。淳于髡用诙谐幽默的语言多次进谏，齐桓公都一一采纳。

不久，齐威王登基。起初，他沉迷酒色，不理朝政，各国诸侯看到有机可乘，相继侵占齐国领土，齐国形势岌岌可危，大臣们不知道该如何劝诫齐威王。

淳于髡知道齐威王喜欢隐语，进谏说："齐国有一只大鸟，停留在宫殿中三年，不飞不叫，大王知道这是为什么吗？"齐威王听懂了，回答说："这只鸟在等待时机，不飞则已，一飞冲天，不鸣则已，一鸣惊人！"说完，召来全国七十二个县的长官，考核他们的政绩，奖赏一人，诛杀一人，内政很快得到整顿，百姓开始安定。随后整军备战，各国诸侯听说后，连忙退还了侵占齐国的土地。

几年后，楚国进攻齐国，齐威王派淳于髡出使赵国求救，淳于髡不辱使命。楚国听说赵军来了，连夜撤退。齐威王大喜，在后宫置办宴席，请淳于髡喝酒。

席间，齐威王问他酒量多大？淳于髡回答："臣喝一斗也醉，喝一石也醉。"齐威王很好奇，淳于髡解释说：

▲ 淳于髡借酒劝谏

"臣陪同大王喝酒,十分拘谨,喝一斗就醉了。在家里陪客人喝酒,心情放松,可以多喝点。如果是参加乡间盛会,男女杂坐,大家一起游戏,兴高采烈,臣可以喝七八斗。最后有了醉意,男主人单独留下我,女主人轻解罗裳,暗香浮动,臣的心情最畅快,能喝一石。所以说,追求享乐没有穷尽,乐极生悲,凡事不可极端。"

齐威王若有所悟,从此停止了通宵达旦的宴饮,任用淳于髡为接待诸侯宾客的宾礼官。

此后，淳于髡经常代表齐国出使各国，长期活跃于政坛，为新兴的田齐政权的稳固和发展做出了贡献；与此同时，他也积极参加稷下学宫的学术活动，为学术事业做出了贡献。

谈笑讽谏的优孟

优孟（生卒年不详），优是以表演为生的男艺人，名孟，因此称优孟。春秋时期楚国宫廷艺人。

优孟是楚庄王宫中的乐人，身高八尺，极有辩才，经常以笑话进谏。楚庄王有一匹千里马，非常喜欢，让它住在宫殿之中，穿着绸缎，派专人用枣脯饲养。

不久后，千里马因为生活太过优越，病死了。楚庄王十分伤心，准备按照大夫的规格安葬。大臣们纷纷劝诫，楚庄王生气地说："再有敢于为葬马之事进谏者，处死！"

优孟听说后，来到王宫号啕大哭，楚庄王惊讶地询问缘故。优孟说："千里马是大王的至爱，理应厚葬。楚国如此富庶，大王却只用大夫的规格安葬，这不行啊，臣建议用君王的规格安葬！"

楚庄王非常高兴，问道："应该怎么做？"优孟说:"用美玉和梓木打造精美的棺材,派士兵开凿坟墓,老幼百姓参与筑坟,让各国派出使节前后护卫,用三牲当祭品。这样之后,各国诸侯都知道大王轻视人而看重马了!"楚庄王说:"啊,寡人竟然错到这种地步了!该如何补救呢?"优孟说:"请大王按照畜生对待它,将它安葬在人的肚子里。"楚庄王听从建议,将千里马交给了厨师。

楚国国相孙叔敖听说了这件事,觉得优孟贤能,对他非常尊敬。临终前还叮嘱儿子,遇见困难可以找优孟帮忙。孙叔敖去世后,他的儿子以砍柴为生,生活贫困。有一天遇见优孟,便请求他帮忙。

优孟回家,缝制好孙叔敖的衣服帽子,模仿他的神态动作,一年之后,学习得惟妙惟肖,然后去见楚庄王。

楚庄王大吃一惊,以为孙叔敖复活了,想请他继续担任国相。优孟没有立即答应,说要和妻子商议后决定。

三天后,他跟楚庄王说:"臣的妻子说,楚国国相不能做。比如孙叔敖,为了楚国鞠躬尽瘁,劳累而逝,楚国称霸天下,他死后家中却一贫如洗,儿子沦落到以砍柴为生。"楚庄王羞愧不已,马上召见孙叔敖的儿子,拨给他四百户封邑，用来祭祀孙叔敖。

经典原文与译文

【原文】淳于髡说之以隐曰："国中有大鸟，止王之庭，三年不蜚又不鸣，王知此鸟何也？"王曰："此鸟不飞则已，一飞冲天；不鸣则已，一鸣惊人。"于是乃朝诸县令长七十二人，赏一人，诛一人，奋兵而出。诸侯振惊，皆还齐侵地。——摘自《史记》卷一百二十六《滑稽列传》

【译文】淳于髡用隐语规劝齐威王说："国内有大鸟，住在王宫，三年不飞又不叫，大王知道这只鸟是为什么吗？"齐威王说："这只鸟不飞则已，一飞冲天；不鸣则已，一鸣惊人。"于是召见了七十二位县令县长，奖赏一人，诛杀一人，整军而出。各个诸侯国都害怕，归还了侵占齐国的土地。

优孟衣冠：衣冠，衣服和帽子。优孟的衣服和帽子。比喻假扮古人或模仿他人，也指登场演戏。

乐极生悲：乐，快乐。快乐到极点的时候发生悲哀的事情。形容正在高兴的时候发生悲伤的事情。

杯盘狼藉：狼藉，乱七八糟的样子。桌上的杯盘放得乱七八糟。形容宴饮后乱七八糟的样子。

货殖列传

> 货，指商品；殖，指孳（zī）生。货殖是指利用货物的生产与交换，进行商业活动以获利。《货殖列传》详细介绍了春秋至汉初的经济活动和著名商人的情况，是经济史专传。从中可以看到商人对社会经济的发展起到的推动作用。本书选取范蠡、白圭、巴寡妇清为代表。

● "商圣"范蠡

范蠡（公元前536—公元前448年），字少伯，号陶朱公，楚国宛地（今南阳市淅川县）人。春秋末期著名的政治家、军事家、谋略家、经济学家，曾任越国相国、上将军。

范蠡出身贫苦，从小好学，拜大学者计然为师，博学多才，文武双全。范蠡与文种是好朋友，因不满楚国的黑暗统治，一起投奔越国。

越王勾践被吴王夫差围困于会（kuài）稽，范蠡献计请和，夫差同意。范蠡采用计然的办法，帮助勾践发展经济，积蓄力量，历经数年，终于灭掉了吴国。

范蠡感叹地说："越王只用计然五条计策，就成功了。这些道理既然能兴国，也必能富家。"功成名就之后，范蠡乘着一叶小舟，离开越国，来往于五湖之间。

范蠡改名换姓，在各国奔走经商，因为陶邑（今山东

▼ 范蠡来往五湖经商

省菏泽市）处于天下的中心，交通四通八达，与各诸侯国都有联系，交易货物十分便利。他就在这里置办产业，开始经商，自称陶朱公。

范蠡很懂经商技巧，总结了完善的经商理论和商业思想，通过智慧获取利润。他还很善于识人，放出去的债不用追讨就能收回来。

范蠡经商十九年，三次赚得千金，把财物分给穷人和兄弟。后世便将富人通称为"陶朱公"。

范蠡晚年把产业交给子孙，子孙都能继承家业，有所发展，富甲一方。后人谈起经商之道，都尊称范蠡为"商圣"。

"商祖"白圭

白圭（生卒年不详），名丹，字圭，战国中期洛邑（今洛阳市）人。魏国大臣，善于经商，提出贸易致富理论。

战国时期，社会制度发生了剧烈变革，新兴的地主阶层崛起，生产力和生产关系得到提升，促进了商业的长足发展。

白圭的出生地洛阳，从西周开始就是天下重镇，经过几百年的发展，已经是当时的经济中心，商业氛围浓郁，产生了一批巨商大贾（gǔ）。

白圭在这种环境下成长,为他日后经商奠定了基础。白圭开始时在魏国做官,后来见魏国政治昏聩,就离开魏国,游历了齐国、秦国等地。

当时秦国正由商鞅主持变法,重农抑商,白圭反对这个政策,便离开秦国。通过对列国的考察,白圭对政治心生厌弃,最终决定经商。

白圭潜心研究市场与价格的周期变化,发现有规律可循,便提出"人弃我取,人取我与"的经商原则。遇到丰年,农民大量出售粮食,他就适时买进,并出售农民的生活必需品给他们,等到年景不好时,再出售粮食,同时购进滞销的原料和产品。但从不囤积居奇,高价垄断,而是顺应市场需求,以低于别人的价格出售。既保证了自己的丰厚利润,又保护了农民群体的利益。

白圭作为管理者,能克制自己的欲望,不讲究吃喝,勤俭生活,与奴仆们同甘共苦。通过这种方法,激发他们的责任感。这种管理思想,直到今天依然没有过时。

白圭认为,经商如同打战,商场就是战场,机会稍纵即逝,做出决策时应该雷厉风行,不能犹豫不决。

很多人都想向他学习,他说:"如果一个人智慧不足,不能像我一样随机应变,不能果断坚决,不能正确地取舍,虽然强悍却不能坚守,这种人即使想跟我学习经商之道,我也不会教给他。"

白圭的经营理念自成体系,他提出要善于预测市场行情、决策果断、善于用人、薄利多销等主张,对后世影响很深。白圭因此被后世商人奉为"商祖"。

第一位女企业家巴寡妇清

巴寡妇清(？—公元前220年),巴,指巴郡(今重庆市一带),名清。战国末期大工商业主,我国乃至世界上最早的女企业家。

巴寡妇清的祖上发现了一座丹砂矿,进行开采,由此掌握了开采和冶炼技术,后续几辈人都靠这座矿生活,家财不计其数。

到巴寡妇清时,她守住了先人留下来的财富,用钱财组织人手保护自己,建立了庞大的商业帝国,没有人敢侵犯她。

秦始皇认为巴寡妇清是一位贞妇,以礼相待,十分尊敬,把她接到咸阳颐养天年。她死后便葬在咸阳,秦始皇为了纪念她,特意建造女怀清台。

巴寡妇清是春秋战国时期女性工商业主成功者的典范,

也是我国历史上第一位女企业家。

经典原文与译文

【原文】范蠡既雪会稽之耻,乃喟(kuì)然而叹曰:"计然之策七,越用其五而得意。既已施于国,吾欲用之家。"乃乘扁舟浮于江湖,变名易姓,适齐为鸱(chī)夷子皮,之陶为朱公。朱公以为陶天下之中,诸侯四通,货物所交易也。乃治产积居,与时逐而不责于人。——摘自《史记》卷一百二十九《货殖列传》

【译文】范蠡帮助越王勾践报了会稽之耻之后,于是喟然叹息说:"计然的策略有七条,越国用了其中五条就成功了。既然已经用于越国,我想用于家里。"于是乘扁舟在江湖之中来往,改变姓名,到齐国叫鸱夷子皮,到陶邑叫朱公。朱公因为陶邑居于天下之中,与四面八方的诸侯国连通,是货物的汇集交易之地。于是修治产业,囤积居奇,根据时节逐利,从不苛责别人。

词语积累

富比陶卫：陶，陶邑，秦国大臣魏冉的封地，很富有；卫，商鞅。像陶、卫一样富有。形容非常富有。

研桑心计：研，计然，也叫计研，范蠡的老师，善于经商；桑，桑弘羊，汉武帝时的御史大夫，长于理财。像计然、桑弘羊一样善于计算。形容擅长经商致富。

富商大贾：拥有大量钱财的商人。

太史公自序

> 太史公，司马迁自称。《太史公自序》是《史记》的最后一篇，属于总结性自传。司马迁在文中叙述了司马家族的历史，阐述了自己在遭受腐刑之后如何忍辱负重写下《史记》的过程。气势浩瀚，规模宏大，是十分重要的研究资料。

● 司马迁的家世与生平

司马迁（生卒年不详），字子长，左冯翊夏阳县（今陕西省韩城市）人。我国历史上杰出的史学家、文学家、思想家，被尊称为"历史之父"。大约生于汉景帝末年，死于汉武帝征和年间。

司马迁的先祖是周王室的史官，世代掌管修史。西汉初年，祖父司马喜用四千石粟米换取了五大夫的爵位，全家得以免除徭役。

司马迁从小就在父亲司马谈的指导下读书，先后学习了《尚书》《左传》《国语》等史籍。后来，司马谈入京担任太史令，负责修史，司马迁在家里继续读书耕种。

等到年纪稍长，司马迁学有小成，来到父亲身边。司马谈便指示他游历全国，遍访河山，搜寻旧闻古事。

司马迁从京城长安（今西安市）出发，往东南方向出武关（今陕西省丹凤县境内）进入河南省，往南进入湖北省，继续南下，渡过长江，进入湖南省西北部。

在湖南省境内漫游一圈后，又从洞庭湖进入长江，沿江东下，经过江西省、安徽省、江苏省、浙江省，然后渡过长江北上，纵贯淮河流域，进入山东省，转而往西，进入河南省，到达开封市，最后回到长安。

后来，汉武帝经略平定了西南夷，派司马迁担任使者，出使巴、蜀以南（今重庆市、四川省、贵州省、云南省一带）地区，参与筹划组建新郡，一年之后回朝复命。

公元前110年，汉武帝封禅泰山。司马谈负责制定封禅礼仪，却因病无法陪同皇帝参加，心中感到遗憾，病情加重。

恰逢司马迁从西南回朝复命，在洛阳见到了临终前的父亲。司马谈叮嘱司马迁，要继承自己未尽的遗志，履行家族职责，编撰一部史书。司马迁含泪答应。

▲ 司马迁著《史记》

　　司马迁继任太史令，积极收集历史书籍以及档案文献，为编撰史书做准备。忠实地履行职责，将西汉朝堂的一举一动都记录下来，以备流传后世。

　　此后，司马迁建议重新制定历法，参与制定《汉历》，《汉历》成为西汉的官方历法。

　　公元前99年，汉将李陵率领五千人出击匈奴，因寡不敌众，兵败投降，汉武帝大怒，大臣们纷纷声讨李陵。司马迁说："李陵为人忠孝，他投降匈奴肯定是迫不得已，将来一定会回来。"

不久，同在前线的将领公孙敖因为自己无功，便诬陷李陵为匈奴练兵，汉武帝将李陵全家诛杀，司马迁也被关进监狱，准备处斩。

司马迁在狱中想到父亲的遗嘱，史书还没有编撰完成；又想到周文王被囚而推演《周易》，孔子困厄时编写《春秋》，屈原被放逐才著《离骚》，这些伟大的著作都是作者在境遇极其困顿的情况下创作出来的。他决定完成属于自己的历史使命，于是选择接受宫刑来赎死刑。

面对世人的嘲笑和讥讽，司马迁在屈辱中坚持写作，经过多年的辛苦，终于写完了"究天人之际，通古今之变，成一家之言"的《史记》。司马迁生前担心汉武帝禁毁此书，写成之后秘不示人。他去世之后，此书由女儿收藏，直到汉宣帝时，他的外孙杨恽（yùn）见朝政清明，才将此书献给皇帝，天下人才得以共读这部伟大的著作。

经典原文与译文

【原文】乃喟（kuì）然而叹曰："是余之罪也夫？是余之罪也夫！身毁不用矣！"退而深惟曰："夫《诗》《书》隐约者，欲遂其志之思也。昔西伯拘羑（yǒu）里，演《周易》；孔子厄陈蔡，作《春秋》；屈原放逐，著《离骚》；左丘失明，厥有《国语》；孙子膑脚，而论兵法；不韦迁蜀，世传《吕览》；韩非囚秦，《说难》《孤愤》；《诗》三百篇，大抵贤圣发愤之所为作也。此人皆意有所郁结，不得通其道也，故述往事，思来者。"——摘自《史记》卷一百三十《太史公自序》

【译文】司马迁于是感叹说："是我的罪过吗？是我的罪过啊！身体残毁没有用了。"又退一步深思道："《诗》《书》的含义深刻、言辞简约，是作者想要表达他们的志向和思绪。从前西伯侯姬昌被关押在羑里（今河南省汤阴县境内），推演出了《周易》；孔子被困在陈国、蔡国，编撰了《春秋》；屈原被放逐，写下了《离骚》；左丘明双目失明，撰写了《国语》，孙子的腿遭受膑刑，于是论述兵法；吕不韦被贬迁蜀地，世人才传读《吕览》；韩非被囚禁在秦国，写作了《说难》《孤愤》；《诗》三百篇，大部分是道德高尚之人抒发内心愤懑（mèn）而作。这些人都是心里聚集了忧愁，无法实现自己的理想主张，因此追述往事，思虑将来。"

词语积累

匡乱反正：匡，消除。消除混乱，恢复正常。

一旦一夕：旦，早晨；夕，傍晚。一个早晨和一个夜晚。形容时间很短。

重于泰山：重，重量；泰山，五岳之首。比泰山还要重。比喻价值极高，作用极大。